KB145995

프로보커터
PROVOCATEUR

프로보커터

'그들'을 도발해 '우리'를 결집하는 자들

주목경제 시대의 문화정치와 관종 멘털리티 연구

초판 1쇄 발행 2021년 4월 9일
초판 4쇄 발행 2023년 2월 10일

지은이 김내훈
펴낸이 이영선
책임편집 이민재

편집 이일규 김선정 김문정 김종훈 이민재 김영아 이현정 차소영
디자인 김회량 위수연
독자본부 김일신 정혜영 김연수 김민수 박정래 손미경 김동욱

펴낸곳 서해문집 | 출판등록 1989년 3월 16일(제406-2005-000047호)
주소 경기도 파주시 광인사길 217(파주출판도시)
전화 (031)955-7470 | 팩스 (031)955-7469
홈페이지 www.booksea.co.kr | 이메일 shmj21@hanmail.net

ISBN 979-11-90893-54-1 03300

‘그들’을 도발해 ‘우리’를 결집하는 자들

프로보커터

PROVOCATEUR

주목경제 시대의 문화정치와
관종 멘털리티 연구

김내훈 지음

서해문집

머리말

지난 1-2년간 어지러운 행보를 거듭하며 '진보 지식인'으로서의 유산을 하나둘씩 스스로 부정하고 있는 진중권을 보면서 '갑자기 왜 저럴까'라는 의문을 가진 사람이 많을 듯하다. 혹은 '원래 저런 사람이었다'라고 여기는 사람도 적잖을 것이다. 나는 '갑자기 왜 저럴까'라는 의문에 나름의 답을 제시하고 '원래 저런 사람들'의 이야기를 소개하고자 《황해문화》(2020년 가을호)에 〈주목경제 시대의 프로보커터〉라는 글을 발표했다. 이 책은 그 문제의식을 확장한 것으로, 주목경쟁 체제에서 벌어지는 문화정치 양상과 그 산물로서 프로보커터의 멘털리티를 들여다본다.

대학원에서 다큐멘터리 수업을 들었다. 기말 과제는 단편 다큐멘터리를 직접 만들어보는 것이었다. 게으른 성격이라 촬영장비를 대여하기도, 무거운 카메라를 둘러메고 돌아다니기도 귀찮았다. 잔머리 끝에 떠오른 묘책은 인터넷에서 구할 수 있는 영상들을 짜기워서 '파운드 푸티지 오디오-비주얼 크리틱 다큐멘터리'('남에게 발견된 영상'에 대한 시청각적 비평 다큐)라고 우기는 것이었다. 문제는 무엇을 '크리틱' 하느냐는 것이었다. 때마침 관심을 두고 있던 '트럼프 현상'과 전 세계적 정치문화 변동—페미니즘, 이민과 난민, 정치적 올바름, 정체성 정치 등—에 대한 청년 세대의 엄청난 반발을 주제로 삼았다. 이를 계기로 정치 유튜브의 세계에 발을 딛게 되었다.

유튜브는 거대한 금광이었다. '트럼프 현상'을 염두에 뒀기에 미국 쪽 채널을 주로 찾아봤다. 특히 카메라 앞에서 페미니즘과 정치적 올바름 등 주로 리버럴(자유주의적) 의제에 대놓고 혐오 발언을 쏟아내는 방송이 엄청나게 많았다. 메시지에 대한 동의 여부와 무관하게 그 자체로 굉장히 흥미로운 현상이었다. 그 영상들의 제작자는 대개 40대 이하의 젊은 사람들로, 일부는 '팬덤'으로 불러도 좋을 만큼 대규모 추종자를 거느리고 있었다. 몇몇은 도널드 트럼프의 대선 승리 공신으로 대우받는 이도 있었다.

한편 이용자의 검색 데이터를 수집해 반영하는 유튜브의 추천 알고리즘은 나를 또 다른 금맥으로 안내했다. 마주한 것은 미국 각지에서 벌어지는 젊은이들의 '노빠꾸 인생'을 담은 스턴트 영상이었다. 하나같이 도가 지나친, 이른바 '선을 넘는' 콘텐츠였다. 수직으로 뛰어오른 사람의 종아리를 양옆에 선 두 사람이 걷어차서 공중제비를 돌게 만드는 '대가리 깨기 챌린지Skullbreaker challenge', 콘센트에 플러그를 느슨하게 꽂은 뒤 동전을 갖다 대서 스파크를 일으키는 '콘센트 챌린지Outlet challenge', 캡슐형 세탁 세제를 입안에 넣고 터뜨리는 '타이드팟 챌린지Tide pod challenge', 공중화장실 좌변기 시트를 혀로 핥는 '코로나 챌린지Corona challenge' 등 유튜브 조회수의 꼭대기와 인간 지능의 바닥을 동시에 경신하는 장면이 담긴 영상들이었다.

서로 무관해 보이는 유튜브 속 정치·스턴트 영상에는 한가지 공통점이 있다. 술자리에서도 안 나올 욕설과 망발로 가득한 콘텐츠가 스폰서를 자청하는 팬덤을 거느리고, 세계 최강대국 대통령 선거에까지 영향을 미친다. '가장 멍청한 죽음'에 수여한다는 다윈상 후보에나 오를 법한 영상이 최고 조회수를 기록하며 마찬가지로 막대한 수익을 누린다. 조회수든 수익이든 정치적 영향력이든 그 동인은 막말과 목숨을 건 스턴트에 있었다. 아니 그 막말과 스턴트가 불러일으키는 관심과 주목에 있었다. 달리 말해 정치 유튜버와 스턴트 영상 속 주인공들은 모두 '관종'이다.

도가 지나친 욕설과 스턴트로 관심을 추구하는 것은 조회수 자체가 돈이요 영향력인 시대가 되었기 때문이다. 따라서 관종은 더 이상 멸칭이 아니라 과거와 구별되는 현대인의 특징으로까지 거론된다. 자연히 '나쁜 관종'과 '좋은 관종'을 구별해야 한다는 논의가 나오기 시작했다. 예컨대 《관종의 조건》(임홍택, 2021)은 '좋은 관종'이 되기 위한 지침서라고 할 수 있다.

반면 이 책은 '나쁜 관종'에 관한 이야기다. 주목과 관심을 위해 무슨 짓이든 불사하는 '관종의 멘털리티'는 정치 담론장에서 왜곡과 소란을 일으키며 막대한 사회적 비용을 초래하고 있다. 한국에서도 이미 특정 정치인이나 유명인, 혹은 인종·종교 등을 향해 강도 높은 혐오 발언을 쏟아내는 유튜버가 급증하고 있다. 이들은 발끈한 상대가 정색하고 달려들더라도 두려워하지 않는다. 오히려 은근히 반길지도 모른다. 고소장이라도 날아오면 그걸 흔들어대는 영상으로 또 한번 주목을 받을 수 있기 때문이다. 이렇게 '그들'을 공격하는 행위는 '우리 편'을 모으고 결집해낸다. 이런 행위가 반복되면서 '우리 편'의 규모가 커지면 그 중심 인물들은 담론장의 '아이돌'로 대접받기도 한다.

이런 사람들은 문화 현상에 대해서 이야기하지만 문화평론가로 불리지 않고, 정치 이야기를 하지만 정치평론가로 불리지 않는다. 대중 강연과 거리 연설에도 곧잘 나서지만 운동가로 불리지 않는다. 이들은 어떤 신념이나 가치를 설파하는 사람이 아니기 때문이다. 이들은 아무런 내용 없이 '어그로'를 끄는 것만으로 커리어를 쌓아간다. 영미권의 언론에서는 이들을 '프로보커터provocateur', 우리말로 '도발자'라고 일컫는다.

이 책의 내용은 크게 둘로 나뉜다. 전반부 다섯 개 장에서는 주목경제 시대의 사회적·정치적·문화적 변동 양상을 살피고, 그 변화가 인격화한 존재인 프로보커터의 특징을 분석한다. 후반부에서는 한국형 프로보커터의 원조 격인 진중권을 비롯해 서민·김어준과 그 외 몇몇 우파 유튜버들을 비판적으로 검토한다. 프로보커터의 고향이라 할 영미권의 '극우 오피니언 셀럽'들에 대한 이야기도 별도의 장에 나눠 소개한다.

오늘날 공론장을 종횡무진하고 있는 인물들에 대한 실명 비판에 먼저 눈이 가는 독자가 많을 것 같다. 그렇지만 주목경제 시대의 문화정치적 양상을 검토한 전반부를 눈여겨봐주길 바란다. 진중권과 김어준이 모종의 계기로 공론장에서 사라지더라도 주목 경쟁과 그에 따른 현상이 지속되는 한 제2의 진중권, 제2의 김어준은 얼마든지 등장할 것이기 때문이다.

김내훈

차례

프롤로그

아모스 이의 삶과 죽음

자유와 저항의 아이콘에서 페도파일의 대변인으로

미국에서 한 청년이 아동 성착취 영상 소지 혐의로 체포되었다. 만 21세인 그는 텍사스에 거주하는 14세 소녀와 알몸 사진을 수천 개 주고받았다는 혐의까지 더해져 고국인 싱가포르로 추방될 위기에 처해 있다. 그는 2017년부터 정치적 난민 자격으로 미국에 체류하던 중이었다. 1년 전만 해도 그는 세계에서 가장 유명한 청소년 망명객이었으며, 많은 사람에게 '영웅'으로 불리는 인물이었다. 그런데 어쩌다 이렇게 된 것일까?

아모스 이Amos Yee라는 청년의 이름을 들어본 한국인은 거의 없을 것이다. 하지만 그는 불과 16세 때부터 세계적인 유튜버이자 영화감독, 배우, 블로거였다. 싱가포르에서는 물론 미국을 비롯한 서구 선진국의 많은 이들이 그를 주목했다. 아모스 이는 어떻게 그토록 어린 나이에 국제적 명사가 될 수 있었을까? 그리고 그 유명세가 한국에 미처 전해지기도 전에 성범죄자가 되어 몰락한 까닭은 무엇일까?

서방 세계의 인권운동가와 시민단체들의 열렬한 지지를 받았던 아모스 이는, 이제는 그 이름을 입에 담기가 꺼려질 정도로 모든 사람에게 미움받다가 완벽히 잊힌 존재로 전락하게 되었다. 한 사람이 일생에 걸쳐 겪을 수 있는 최고의 명성과 영광, 그리고 최악의 수치와 불명예를 불과 5년 남짓한 기간에 모두 경험한 셈이다. 아모스 이의 짧은 흥망사는 동서를 불문하고 현대인에게 많은 시사점을 던져 준다.

미국 유튜버들이 키운 '관종'

아모스 이는 성장기에 서구 대중문화, 특히 미국의 인터넷 문화로부터 지대한 영향을 받았다. 그는 또래와 어울리기보다 동경하던 미국 유튜버들의 영상을 섭렵하면서 유창한 미국식 영어를 체득했다. 다문화 국가 싱가포르의 공용어 중 하나가 영어라지만 그렇게 어린 소년의 그렇게 완벽한 미국식 발음은 이례적이었다. 자연스럽게 세계관과 가치관도 언어와 매체를 따라 성장해갔다. 자신에게 가장 큰 영감과 영향을 준 유튜버로 종교 비판을 설파하는 '디 어메이징 에이시스트The Amazing Atheist'를 꼽았던 아모스 이는 종교 일반을 향한 강한 반감과 전투적 세속주의를 자기 애티튜드로 삼았고, 점차 이를 자아와 일체화했다.

2011년, 아모스 이는 그가 침실에서 직접 기획·촬영·연기·편집한 3분짜리 단편영화를 공개한다. 등장인물 4인을 모두 직접 연기하는 등 전 작업을 혼자서 해낸 것이었다. 〈Jan〉이라는 제목의 이 영화는 젠Jan이라는 소녀가 햄버거를 너무 많이 먹은 탓에 암 진단을 받자 그의 남자친구인 주인공이 친구들에게 치료비를 모으자고 설득하는 내용이다. 어린 남자아이가 만든 영화답게 권총 자살(우쿨렐레가 총이다)로 이야기가 끝난다. 영화의 만듦새는 단지 영상 단말기와 소프트웨어 조작에 익숙한 소년에게 기대할 법한 수준에 머물렀지만, 영어 대사의 유창한 발음과 성숙한 어휘 구사력만큼은 인상적이었다.

이 영화로 아모스 이는 싱가포르 유력 언론매체에서 주최한 'FIRST 국제영화제'에서 최우수 단편영화상과 주연상을 받았다. 물론 작품성을 인정해서 주는 상은 아니었다. 선의로 해석하자면, 심사위원들이 아모스 이의 영화에 대한 열정과 잠재력을 격려한 것이라 볼 수 있겠다. 다소 삐딱하게 보자면, 만 12세도 넘기지 않은 어린이에게 권위 있는 상을 수여함으로써 혁신적이고 개방적인 영화제라는 이미지 메이킹과 함께 세간의 관심을 끄는 효과를 노렸을 것이라고도 할 수 있다. 어느 쪽이든 아모스 이는 국가적인 관심은 물론 외신들로부터도 상당한 주목을 받았고, 이 사건은 그의 삶에 엄청난 영향을 미치게 된다.

이후로 아모스 이는 여러 차례 방송에 출연하고 연기 활동도 하며 연예인 부럽지 않은 명성을 누리게 되었다. 그러면서도 계속해서 놓지 않은 것은 유튜브 인플루언서를 향한 동경이다. 그가 되고 싶었던 것은 영화감독이 아니라 많은 추종자를 거느리며 정치적·문화적으로 영향력을 행사하는 '논객'이었다. 아모스 이가 영화제에서 상을 받고 북돋운 것은 영화와 연기를 향한 열정이 아니다. 그가 얻은 것은 더 많은 관심에 대한 갈증과, '내가 언제나 옳다'고 믿어 의심치 않는 자아비대증이었다. 그는 미국의 유명 유튜브 논설가들을 벤치마킹하며 그만의 전투적 무신론과 세속주의, 정치적 메시지를 설파하는 사람이 되고자 노력했다. 여기서 방점은 메시지가 아니라 '메시지를 설파하는 사람'에 찍혀 있었다.

하지만 너무 어렸던 아모스 이에게는 카메라 앞에서 그의 생각을 정교하게 설명하고 설득할 수 있을 만큼의 논리와 지식이 없었다. 앞서도 말했듯이 그는 가치관과 자아의 형성과 성장을 미국 유튜버들에 의탁하다시피 했다. 따라서 결국 그의 어젠다는 미국 문화는 무조건 평가절상하고 자국 문화는 깎아내리는 사대주의로 점철될 수밖에 없었다. 유창한 영어와 저속한 욕설, 비속어와 도발적인 제스처로 빈약한 논리를 포장하려 했을 따름이다. 그렇게 세간의 관심이 서서히 줄어들 무렵인 2012년, 아모스는 아무런 근거도 없이 중화권 최대 명절인 춘절이 서구의 신년제를 모방한 것이라고 주장하는 영상을 공개했다. 이 영상은 곧바로 15만 이상의 조회수를 기록했고, 자국의 인터넷 이용자들로부터 강한 비난을 받았다.

이 사건에서 아모스가 얻은 교훈은 설득을 위해서는 팩트에 충실해야 된다는 것이 아니다. 오히려 그는 최대한 많은 사람에게 '어그로'를 끄는 것이 가장 쉽고 빠르게, 널리 주목받는 길임을 깨달았다. 이 영상을 계기로 아모스에겐 수많은 '안티'가 생겨났고, 유튜브에는 그를 조롱·풍자하는 패러디 계정이 난립했다. 그리고 이러한 '관심'은 그의 망동을 부추기는 '연료'가 되었다. 이후로도 터무니없고 자극적인 언행을 담은 유튜브 영상으로 도발을 일삼던 아모스 이는 만 17세가 되던 2015년에 잇단 대형사고를 치고 만다.

도발과 어그로의 아이돌

"리콴유가 마침내 뒤졌어요!" 싱가포르 전 총리 리콴유Lee Kuan Yew, 李光耀가 폐렴으로 사망하고 며칠 뒤 아모스 이가 올린 유튜브 영상 제목이다. 리콴유는 싱가포르를 30년 넘게 통치하며 비약적인 경제 성장을 이룬 반면, 집권기에 행한 권위주의적 국가 운영으로 평가가

갈리는 인물이다. 그렇지만 국가의 기틀을 잡았다는 데는 큰 이견이 없으며 싱가포르인들은 대체로 그를 '국부國父'로 인정한다. 아모스는 그의 영상에서 리콴유를 예수에 비교하면서 "권력에 목마르고 악의로 가득하지만, 착하고 자비로운 지도자로 보이게끔 많은 사람을 기만했다"며 리콴유와 예수를 추종하는 사람들을 "망상에 빠진 무식한 사람들"이라고 비하했다. 아모스는 이 9분짜리 영상 하나로 싱가포르인과 국내외 기독교인들 모두를 적으로 돌리는 데 성공했다. 영상은 무려 100만 건의 조회수를 기록했다.

수많은 살해, 강간 협박 등을 받으면서도 아모스 이의 도발은 꿋꿋하게 이어졌다. 결정타는 그가 바로 다음 날 블로그에 올린 이미지였다. 리콴유와 전 영국 총리 마거릿 대처가 항문 성교를 벌이는 모습을 묘사한 그림으로, 어디서 퍼온 저속한 이미지에 둘의 얼굴을 대충 합성한 민망하고 허접한 게시물이었다. 이로 인해 아모스는 싱가포르 네티즌들에게 고발당했고, 곧바로 체포되었다.

죄목은 특정 종교나 인종에 대한 혐오 발언이었다. 싱가포르의 강한 경제의 근간에는 평화적 다문화주의가 있다. 따라서 종교·문화·인종 간 갈등은 경제에 치명적일 수 있다. 그뿐만 아니다. 리콴유는 퇴임 후에도 이질적 집단들을 결집시키는 구심점이었다. 그만한 상징적 인물의 죽음 뒤엔 불안과 혼란이 따르기 마련이다. 그런 와중에 리콴유를 탐욕스러운 독재자라고 주장하는 영상이 싱가포르 인구의

2015년 싱가포르 노동당 집회에서 카메라 세례를 받는 아모스 이. 싱가포르의 '국부'와 영국의 '철의 여인'을 소재로 벌인 '광역 도발'은 그에게 세계적인 유명세를 안겨주었다. (2015, ©Terry Tan)

1/6이 넘는 조회수를 기록했으니 당국으로서도 좌시할 수만은 없는 노릇이었다. 아모스는 4주 동안 구금되었다.

당시 싱가포르 안팎의 인권활동가와 서구 언론, 유튜브 논객들은 모두 아모스 이의 체포 사건을 한 가지 측면으로만 바라봤다. 요컨대 '평범한 청소년이 지도자를 비판했다는 이유로 잡혀갔다'는 것이다. 〈월스트리트저널〉과 같은 서구 언론 매체는 해당 사건을 "검열의 전통을 디지털 시대에도 고집하다가 발생한 난국"이라고 요약했다. '연성 독재국가'라는 싱가포르의 대외적 이미지를 이 사건에 포갬으로써, 인권 후진국의 엄격한 검열과 억압이 순진한 소년의 삶을 앗아갔다는 식으로 보도한 것이다. 동아시아의 '강한 국가' 기조를 탐탁지 않아 했던 리버테리언Libertarian(자유지상주의자) 논객들, 전투적 무신론자들, 자유주의자들 등 좌우를 막론한 진영과 인물들이 각자 나름의 어젠다를 가지고 이 사건을 조명했다. 아모스 이는 별안간 세계 최연소 '표현의 자유' 운동가이자 순교자로 거듭났다.

세계 각국에서 아모스를 주목하자 당국으로서는 온건한 조치를 취할 수밖에 없었다. 소셜미디어 활동의 자제와 공개 사과, 보석금 1만 달러를 조건으로 석방이 허가되었다. 아모스와는 일면식도 없었던 빈센트 로우Vincent Law라는 청년 상담사가 나타나서 그의 보증인을 자처하고 보석금을 지불했다. 아모스는 이로써 한동안의 소란을 마무리 짓고 조용히 살 기회를 얻었지만 그에게 개전의 정이란 없었다. 짧은 구금 기간에 세계 각지의 언론·시민단체·활동가들로부터 엄청난 관심을 받고, 시대의 영웅으로까지 호명되면서 그의 자아비대증은 회복이 불가능한 수준으로 심각해졌다. 세간의 주목이라는 마약에 취한 탓에 최소한의 사리 분별마저 안 되는 지경에 이른 것이다. 이런 아모스의 심리를 적나라하게 드러내는 사건이 벌어지기도 했다. 난데없이 보증인인 빈센트 로우가 자신을 성추행했다는 폭로를 한 것이다. 물론 이 주장은 하루 만에 거짓으로 드러났다. 아모스 또한 이를 인정했지만, 이튿날에는 다시 자신의 폭로를 합리화하는 식으로 도무지 이해할 수 없는 언동을 반복했다.

아모스 이는 한동안 유튜브 활동을 중단한다는 보석 조건을 어기고 금세 다시 영상을 업로드했다. 돌아온 그의 도발은 모두를 경악케 했다. 리콴유가 잘 죽었다고 떠든 영상은 점잖은 논객의 진지한 논평으로 보일 정도였다. 아모스는 종교 비판이라는 초심으로 돌아가 이번에는 무슬림을 공격했다. 비판이라기보다 모욕이라는 표현이 정확할 것이다. 그는 이슬람을 퇴행적인 종교라고 주장하는 데서 그치지 않았다. 이슬람교의 경전《쿠란》을 카메라 앞에서 한 장씩 뜯고 혀로 핥는가 하면, 침대에서《쿠란》을 가랑이에 놓고 성관계하는 듯한 동작을 취하며 "나 좀 보세요!《쿠란》이랑 사랑을 나누고 있어요!"라고 연신 외쳐댔다. 그러고는 마지막에 "이러다가 정말 감옥에 들어가겠네"라며 마치 그렇게 되기를 바란다는 듯이 말했다. 이 모든 행동이 오직 관심받기 위한 것임을 대놓고 고백한 셈이다.

전 세계 무슬림을 분노케 하고 조건부 보석을 허가한 당국을 대놓고 조롱한 아모스는 다시금 6주간의 구금과 2000달러의 벌금형에 처해졌다. 그리고 이번에도 국내외 후원자·시민단체의 개입으로 구금 3주 만에 가택연금으로 풀려나게 된다. 문제는 이런 관용이 아모스의 분별력을 더욱더 흐리게 만들었다는 것이다.

리콴유 비방과 무슬림 공격, 잇달은 체포와 석방까지 지난한 소동과 과분한 주목을 겪는 동안 아모스는 미국의 여러 유명 유튜브 논객과 어울렸다. 전투적 무신론자, 리버테리언, 인권운동가 등이 저마다 의도를 가지고 아모스 이를 웹상에 초청해 대담하며 조회수를 늘려갔다. 데이브 루빈Dave Rubin과 뒤에서 자세히 살펴볼 '아카드의 사르곤Sargon of Akkad'이 대표적이며, 이들은 아모스를 서슬 퍼런 독재 체제에 저항하다 박해당한 영웅으로 떠받들었다.

이들은 특히 정치적 올바름Political Correctness, PC 의제에 강하게 반대하는 리버테리언 성향의 대안 우파 논객들로, 표현의 자유를 지고의 가치로 두며 이를 '작은 정부론'과 시장만능주의를 설파하는 데 교묘히 이용한다. 나아가 이들은 정치적 올바름과 표현의 자유를 양립 불가능한 가치로 설정해놓고, '혐오표현'에 대한 그 어떤 문제 제기나 규제도 원천 봉쇄한다. 페미니즘, 난민 수용, 정체성 정치 등 리버럴liberal(자유주의) 의제에 반감을 가진 사람들을 상대로 논객연하며 조회수 장사를 하던 차에 아모스 이의 구금 사건은 그들의 선전 활동에 써먹기 더없이 좋은 소재였다. 이들이 진심으로 아모스를 영웅으로 생각했는지는 상관없다. 다만 그의 입을 빌려 이슬람교와 무슬림을 폄하하고 동아시아의 '강한(큰) 정부' 전통에 의구심을 피력하면서도, 그에 대한 논증의 책임에서는 자유로울 수 있었던 것이다.

관심에서 사라지느니
차라리 주목받는 소아성애자가 되겠다

이런 식으로 아모스 이의 사연을 널리 알리고 그를 영웅 대접해주는 척하면서 구미에 맞게 이용하던 사람들 가운데 싱가포르 출신의 저널리스트 멜리사 첸Melissa Chen이 있었다. 꾸준히 싱가포르의 인권 탄압을 비판하는 저술 활동을 해왔던 첸은 가택연금 중이던 아모스에게 미국으로의 망명을 권하며 난민 신청 서류를 전달한다. 정작 아모스는 이런 첸의 조언을 마다하고 또 한번 황당한 일을 벌인다. 2016년 12월 미국으로 밀입국하다가 이민세관단속국에 체포·구금된 것이다. 아모스는 나중에 이 행동이 미국의 부당한 이민 정책을 비판하기 위한 행동이었다고 말했다. 물론 정책 비판은 핑계일 뿐, 관심을 끌기 위한 퍼포먼스라고 봐야 할 것이다. 그러나 세상과 언론은 이번에는 그에게 관심을 주지 않았고, 난민 인정 절차는 대중의 무관심 속에서 진행되다가 이듬해 4월이 되어서야 입국 허가가 떨어졌다. 그렇게 유년기부터 꿈에 그리던 미국 땅을 밟았지만, 아모스는 곧 뭔가 잘못되었음을 느끼게 된다.

미국 무대에서 아모스 이는 마침내 마음껏 떠들 자유를 얻었다. 문제는 그에겐 '자기만의 이야기'가 없다는 것이었다. 이제야 처벌의 두려움 없이 정부를 마음껏 비판할 수 있게 되었다고 좋아했지만, 정작 그에겐 원론적 수준에서 표현의 자유를 떠드는 것 말고는 새로운 어젠다가 없었다. 그를 주목받게 한 이미지, 다시 말해 '서슬 퍼런 체제에 맞서 선을 넘나드는 노빠꾸 인생'은 그가 동경해온 미국에서는 연출할 수 없는 장면이었다. 게다가 난민 인정 절차가 길어지면서 아모스 이는 대중의 눈에서 멀어졌고, 그와 놀아주던 유명 유튜버들도 하나둘씩 관심을 거두기 시작했다.

그러자 주목과 관심에 중독된 아모스 이는 미국 사회의 역린을 건드리며 폭주한다. 2017년 11월 아모스는 다음과 같은 멘트로 유튜브 방송을 개시했다. "소아성애라는 것에 관하여 점잖고 신사적인 토론을 해봅시다." 그가 얼마나 점잖고 신사적인 주장을 펼쳤는지 상술할 필요는 없다. 요약하면 대표적 성소수자 집단인 LGBT와 비교하면서 강제성만 없다면 소아성애가 용인되어야 한다는 주장인데, 한발 더 나아가 아동 성착취 영상 역시 무조건 범죄로 취급해야 할 이유가 없다는 발언까지 던졌다. 이 영상은 아모스가 바라던 대로 다시 얼마간 상당한 반응을 끌어냈다. 아모스와 가깝게 지냈던 유명 유튜버들은 황급히 그를 초청해 같은 주제의 토론회를 추진했다. 아모스의 '어그로'를 마지막까지 이용하고 빼먹을 의도도 있었겠지만, 그보다는 하루라도 빨리 그런 주장을 철회하도록 함으로써, 자신들에게 쏟아지던 '페도파일pedophile(소아성애자)을 영웅으로 띄워줬다'는 비난을 피하고 싶었을 것이다. '아카드의 사르곤'만 아모스의 주장에 어느 정도 동조하는 듯했다.

관심과 주목에 목말랐던 아모스는 끝까지 입장을 바꾸지 않았다. 그러자 그동안 후원자를 자처했던 유튜버들도 아모스를 버리기 시작했다. 한 유튜버는 그를 '인터넷 트롤'로 규정했는데 이후로 그의 모든 언행과 그에 관련한 모든 논의는 '트롤링'과 결부되었다. 아모스 이는 삽시간에 절대로 진지하게 다루어서도 안 되고 그 어떤 관심도 줘서는 안 되는 '금지어' 같은 존재로 전락했다. 이제 아모스를 진지하게 받아들이는 사람은 페도파일뿐이다. 그가 진심으로 소아성애를 옹호한 것인지는 상관없다. 그는 더 강력하고 자극적인 도발거리를 찾아 헤매다 사회 구성원들이 암묵적으로 약속한 최소한의 금도를 넘었다. 그 대가는 체포와 투옥이었다. 앞서 밝힌 대로 아동 성착취 영상 소지 혐의였다.

'천재 영화인'으로 떠오르고, 표현과 사상의 자유를 위한 영웅으로 칭송받다가 하루아침에 소아성애자들의 대변인으로 전락, 이제는 그 이름도 언급하기 힘든 존재가 된 아모스 이는 현재 구속 상태로 판결을 기다리고 있다. 왜 이 글의 제목을 '아모스 이의 삶과 죽음'이라고 했는지 궁금해할 분들이 있을 것이다. 소아성애와 아동 성착취 영상 옹호 이후 유튜브, 워드프레스, 페이스북, 트위터 등 아모스 이의 모든 소셜미디어 계정이 강제 폐쇄되었다. 사실상 전 세계 모든 사람으로부터의 관심이 차단된 것이다. 유년기부터 주목과 관심만을 인생의 동력으로 삼아온 아모스 이로서는 '사회적 망자'가 된 것이나 마찬가지다. 현실적으로 보더라도 아동 관련 범죄에 가장 민감하게 대처하는 국가인 미국에서 체포되었으니 혹자의 유튜브 댓글대로 "good as dead"(죽은 거나 다름없다)라고 할 수 있겠다.

아모스 이의 일대기는 여러 시사점을 남긴다. 당연하게도 아모스 이는 유일무이한 케이스가 아니다. 그와 닮은 어그로꾼은 도처에 널려 있고, 앞으로도 계속 출현할 것이다. 선악을 떠나 시선을 끄는 행위 자체가 경제 활동인 시대가 되었기 때문이다. 예나 지금이나 좋은 일은 행하기 어렵고 나쁜 일은 손쉽게 저질러진다. 뭇 사람의 눈살을 찌푸리게 만드는 망동으로 주목과 관심을 끌어내 돈벌이하는 이가 늘고 있다. 나아가 그 과정에서 자신을 따르는 추종자들을 뒷배경 삼아 사회에 일말의 영향력을 행사하는 현상도 발생하고 있다. 이들은 '어그로 끌기'를 생계 수단으로 삼을 뿐 아니라 자신의 '정치적 커리어'를 위한 교두보로 삼기도 한다.

아모스 이는 하늘에서 떨어진 별종이 아니라 시대의 산물이다. 주목과 관심에 환금성이 부여되는 주목경제Attention Economy의 시대, 조회수에 자아를 동기화하는 관종의 시대, '좋아요'와 '구독자'를 늘리기 위해 상상 밖의 추태를 불사하고 사회적 금도를 넘나드는 무질서의 시대가 그것이다. 지금부터는 이 시대에 작동하는 문화정치적 몇몇 원리를 들여다볼 것이다. 나아가 기민하고 기막힌 적응력으로

이 난세의 공론장을 오염시키고 있는 한국과 영미권의 아모스 이들, 요컨대 '관종 스피커'들의 양태를 비평하고자 한다. 감염병의 치료는 바이러스의 존재와 그것들의 병리를 진단하는 데서 출발하기 때문이다.

1

관심이 돈이 될 때 / 주목 경쟁의 정치경제학

'무플보다 악플이 낫다'는 표현은 대중적 인기로 성패가 결정되는 연예인과 정치인에게나 어울리는 말이었다. 정치인들 사이에서는 '부고란만 아니면 무조건 언론에 나오는 것이 좋다'는 우스개가 있을 정도다. 그러나 소셜미디어가 전 인류를 '네트워킹' 하면서 이제는 일반인에게도 무플보다 악플이 나은 시대가 되었다.

'테이스티훈'이라는 먹방·쿡방 유튜버가 있다. 본래 게임 유튜버였던 그는 수년간 고정 독자층을 확보한 뒤 먹방을 시도했다. 새로울 것이 없던 그의 먹방은 3회차에 별안간 대박을 터뜨린다. 흥미로운 점은 이 대박이 요리의 성공이 아닌 처참한 실패에서 비롯되었다는 것이다. 그는 치즈나 초콜릿을 분수처럼 흘러내리게 만드는 퐁듀 기계(중탕기)를 이용해 '치즈퐁듀치킨'을 만들어 먹고자 했다. 사실 이 요리는 퐁듀용 치즈를 쓰거나 치즈를 녹일 때 우유나 크림을 부어서 점성을 낮춰야 한다. 이를 몰랐던 그는 프라이팬에 녹여낸 고형 치즈를 그대로 중탕기에 부었다. 그러자 점성이 높은 치즈는 중탕기의 나선 펌프를 타고 올라 분수 뚜껑까지 밀어내고 회오리치기 시작했다. 정적이고 평화롭기 마련인 먹방에서 보기 드문 스펙터클이 연출되었다. 솟아오른 나선 펌프가 끊임없이 발산하는 치즈 회오리와 파편

회오리치는 치즈 토네이도. 유튜버 테이스티훈의 '폭망'한 먹방에 쏟아진 관심은 주목 경쟁에서 작은 성공보다는 우스꽝스럽고 거대한 실패가 훨씬 유리하다는 공식을 증명한다. (ⓒ테이스티훈)

은 사방으로 튀며 테이스티훈의 안면을 강타했고, 그는 이 예상치 못한 상황에 어찌할 바 모르는 표정으로 망연자실했다.

치즈가 모두 사방으로 날아가버린 뒤, 테이스티훈은 기계를 끄고 흩어진 치즈 조각들을 주섬주섬 수습해 치킨에 얹어서 먹기 시작했다. 이 '웃픈' 영상은 소셜네트워크를 타고 전 세계로 퍼지며 1000만 가까운 조회수를 기록했다. 어지간한 케이팝 영상 부럽지 않은 인기를 얻은 것이다.

이 에피소드를 어떻게 이해해야 할까? 테이스티훈의 영상은 치즈

퐁듀치킨을 맛있게 먹는 '먹방'을 표방했지만 접시에 제대로 담는 장면조차 보여주지 못했다. 이는 먹방의 본령을 배반한 영상이자 일종의 NG로, 폐기되는 게 상식이다. 하지만 테이스티훈은 완벽하게 실패한 먹방을 그대로 송출함으로써 일약 세계적 '유튜브 스타'가 되었다. 요컨대 그는 실패함으로써 성공한 것이다. 다만 '성공하는 실패'가 되려면 적당히 망해서는 어림도 없다. 보는 사람 누구나 파안대소를 터뜨릴 만큼의 '폭망'이어야 한다. 테이스티훈의 먹방 역시 폭망함으로써 많은 사람에게 큰 웃음을 주는 콘텐츠로 도약할 수 있었고, 잘나가는 '정통 먹방'들을 압도하는 주목과 관심을 끌며 큰 수익을 창출할 수 있었다.

주목경제의 명령,
더 우스꽝스럽게 실패하라

《다시 더 낫게 실패하라》(이택광, 2013)라는 철학서가 있다. 인생의 조언으로 삼아도 좋을 제목이다. 엇비슷한 의미로 '졌지만 잘 싸웠다'라는 말이 있다. 후회의 여지가 없는 도전과 승부를 벌였다면 실패하더라도 그 경험을 밑천 삼아 더 나은 조건에서 후일을 도모할 수 있다는 격언이다. 하지만 언제부턴가 이 말은 패배와 실패 일반을 포장하는 용도로 남발되었고, 최근 들어서는 실패의 가치를 부정하거나 조롱하는 의미로 받아들여지고 있다. 흔히 '졌잘싸'라는 줄임말 형태로 쓰이며 실패한 이들의 정신승리(자기합리화)를 비꼬는 말이 된 것이다.

이런 경향은 오늘날 한국에서 도전과 실패의 경험 자체가 특권으로, 나아가 재도전의 기회는 사치로 여기는 분위기와 관련지어 생각해볼 수 있다. 도전과 실패가 소수만 가질 수 있는 특권과 다름없다면 차라리 '더 우스꽝스럽게 실패하라'가 이 시대에 더 적합한 격언인지도 모르겠다. 제대로, 확실하게 해내지 못할 바에 '폭망'의 나락으로 떨어지는 광경을 실시간으로 송출해 관심을 끄는 편이 주목경제 체제에서 싸울 밑천이라도 마련할 수 있는 방법이 아니겠냐는 것이다.

우리는 주목과 관심이 돈으로 환전되는 시대를 살고 있다. 전도유망한 영화 키드였던 아모스 이로 하여금 좌충우돌 끝에 자폭하게 만든 동기 역시 단연 주목과 관심이다. 아모스가 벌인 몰상식과 기행의 최종 목적이 관심과 주목에 있었는지, 그에 따르는 돈벌이에 있었는지는 아리송하다. 하지만 아무래도 상관없을 것이다. 주목-관심과 자본의 경계가 갈수록 흐릿해지고 있기 때문이다. 자본주의 체제에서 대다수가 먹고살기 위해 돈을 좇는 것처럼, 오늘날에는 주목과 관심 자체가 목적이 되면서 이를 얻기 위한 행보가 곧 경제활동이 되는 경우가 늘고 있다. 이른바 '조회수 장사'를 하는 사람들이다.

조회수 장사와
기호의 경제

조회수 장사를 가능하게 하는 기반이 주목경제다. 주목경제라는 개념을 고안한 미국의 저술가 마이클 골드하버M. H. Goldhaber의 문제의식은 다음의 명제에서 출발한다. 정보시대에서 디지털 재화라 일컬어지는 정보에는 희소성이 없다. 무한히 취할 수 있는 것에는 값이 매겨질 까닭이 없기 때문이다. 그렇다면 무가치한 정보에 가치를 부여하는 것은 무엇인가? 바로 인간의 주목이다. 주목은 유한하기 때문이다. 희소한 자원을 어떻게 분배하느냐가 경제학의 문제라면, 오늘날 주목과 관심의 주고받음은 엄연한 경제행위다.

주목의 가치를 설명하기 위해 골드하버는 자동차 생산을 예로 든다. 한국만 해도 등록된 자동차 수가 2300만 대를 넘어선다. 국민 두 사람당 한 대씩 보유한 셈이다. 이러한 수치를 이해하기 위해서는 한국인들에게 자동차가 실제 필요(운송수단) 이상의 의미를 갖는다는 점을 고려해야 한다. 사람들은 적당한 성능과 가격의 차량을 갖고 있으면서도 또 다른 차를 원하며, 기왕이면 더 비싸고 고성능의 수입차를 욕망한다. 그러나 아무리 비싼 차라도 정해진 도로에서 교통법규를 지키며 달려야 하는 조건에서는 제대로 된 성능 차이를 만끽하기 어렵다. 무엇보다 2000만 원짜리 차와 2억 원짜리 차를 비교하면서 둘의 실제 성능 차가 10배씩 되리라고 믿는 사람은 매우 드물 것이다.

휴대전화 시장의 형편도 비슷하다. 한국에서 스마트폰 교체 주기는 평균 30개월 안팎이라고 한다. 이는 통상 24-30개월에 이르는 약정 기간과 겹친다. 기기의 수명과 무관하게 약정 종료에 맞춰 새 휴대전화를 마련하는 경우가 흔하다는 뜻이겠다. 2010년을 전후로 스마트폰이 등장하면서 휴대전화의 성능과 기능은 혁명적으로 도약했다. 그러나 그 이후 10년간의 신제품들은 정보처리 속도나 카메라 화질 등의 개선을 제외하면 대동소이한 수준이라고 해도 무방하다. 그럼에도 스마트폰 단말기 시장의 활황세가 꺼지지 않는 까닭은 무엇일까? 사람들이 상품에서 성능과 기능 이상의 무언가를 원하기 때문이다. 기호가 그것이다.

이제 상품의 쓸모·기능·내구성·사용가치는 관건이 아니다. 가장 중요한 것은 그 상품이 품고 있는 기호다. 고급 수입차와 적당한 가격의 국산 자동차 간 성능 차이가 수백-수천만 원씩 하는 가격 차를 그대로 반영할 리는 없다. 자동차 가격을 높이는 것은 브랜드다. 전통적으로 수입차 브랜드를 선호하는 상류층의 기호, 그에 따라 수입차와 국산 차량에 매겨지는 차등화된 지위라는 기호, 나아가 국산차를 타는 그들과 수입차 오너인 나를 구별 짓는 기호에 값이 매겨지는 것이다.

기호의 경제에 대해 더 길게 파고드는 것은 이 책의 주제를 넘어서는 일이다. 중요한 것은 기호를 팔기 위해서는 많은 사람의 주목과 관심이 필요하다는 것이다. 언급했듯 한국에 등록된 자동차는 인구 두 사람당 한 대를 넘기고 스마트폰 보급률은 95%에 이른다. 멀쩡하게 잘 쓰고 있는 제품을 새것으로 바꾸도록 부추기기 위해 제조사들은 소비자의 이목을 끌어야 한다. 성능과 기능 등 실용적 측면에서 다를 것 없는 상품들끼리의 경쟁에서는 아예 어느 쪽이 많은 관심을 유도하느냐에 따라 승부가 갈린다. 일찌감치 품질보다 마케팅에 전력을 쏟아야 하는 시대가 도래한 것이다.

모두를 위한
'무플보다 악플'

기호의 경제는 정보시대의 도래와 맞물리면서 주목경제로 이행한다. 주목과 관심이 상품 판매에 필요한 보조재가 아니라 그 자체로 돈이 되는 것이 주목경제의 핵심이다. 정보는 복제와 전송을 통해 무한하게 확장되는 디지털 재화다. 인터넷과 커뮤니케이션 수단의 비약적인 발전에 힘입어 정보의 공급은 수요를 훨씬 웃돌게 되었다. 무한한 정보의 물결 속에서 유의미한 것과 무의미한 것, 사실인 것과 거짓인 것, 유익한 것과 무익한 것, 이로운 것과 해로운 것을 구별하기란 쉽지 않다. 그리하여 대다수 정보는 그 누구에게도 보이지도 들리지도 않은 채 표류하다가 흩어져버린다. 요컨대 아무리 유익한 정보라고 한들 많은 사람에게 노출되지 않으면 무가치한 것이다.

정보에 가치를 부여하는 것은 주목이다. 손쉽고 빠르게 접근 가능하며 무한히 공급되는 정보 그 자체에는 아무런 값어치가 없다. 경제적 가치가 있다는 것은 희소성을 띠며, 따라서 비용을 치르고서 접하거나 이용할 수 있다는 뜻이기 때문이다. 정보와 달리 희소성을 지니며 아무나 막 가져다 쓸 수 없는 것이 인간의 주목이다. 아무리 멀티태스킹이 각광받는 세상이라지만 한 사람이 동시에 보낼 수 있는 주목은 한정되기 때문이다.

초 단위로 변화하는 세계에서 사람들은 정보의 무한-과잉 공급에 압도되어 표류하기 쉽다. 따라서 그때그때 본인에게 필요하고 이로운 정보를 선별해야 한다. 불행하게도 충분한 감식안을 갖추지 못한 경우가 대다수다. 평범한 사람들은 당장 눈에 띄는 것에 관심을 가질 수밖에 없다. 한편 하나의 정보에 주목할라치면 금세 또 다른 정보들이 파도처럼 밀려오기 때문에 각각의 정보가 차지할 수 있는 주목의 밀도는 점점 떨어지게 된다. 익숙한 정보보다 더 눈에 띄는 새로운 정보에 시선을 돌리게 되는 것이다. 따라서 이목을 끌고 유지하기 위한 정보 공급자들의 경쟁은 더욱 격해지고, 콘텐츠 또한 자극적이고 선정적으로 변한다. 아무리 완성도 높은 콘텐츠라도 '주목 경쟁'에서 탈락한다면 가치가 없는 셈이다.

아모스 이가 설파하고자 했던 종교 비판과 세속주의, 독재정권 비판, 표현·사상의 자유 등 진지한 주제를 다루는 콘텐츠 역시 주목경제의 룰에서 벗어나지 않는다. 아모스 이의 콘텐츠가 리처드 도킨스 같은 지식인을 모델 삼아 종교의 백해무익함에 대한 근거를 제시하며 조목조목 따지고 들어가는 점잖은 영상이었다면 그토록 큰 화제를 모을 수 있었을까? 그가 기성 정치평론가처럼 리콴유에 대한 맹목적인 찬양이 왜 문제인지 차분히 논증하는 영상을 내보냈다면 수백 만의 조회수를 기록할 수 있었을까? 물론 '소년 감독'으로 주목받았듯 '소년 논객'으로서 잠시나마 매스컴을 탈 수 있었을지 모른다. 그러나 그 이상의 논쟁을 전개할 만큼의 지식과 논리를 갖추진 못했기에 관심은 금세 시들었을 것이다. 관심을 유지하기 위해서는 새로운 의제를 벼리고 관련 지식을 더 쌓는 것이 정도正道겠지만, 일찌감치 비슷한 콘텐츠로 명성이 자자한 선배 유튜버들을 따라잡기는 쉽지 않다. 그 분야의 전문가가 아닌 사람이 프로를 흉내내어 미숙한 논리로 승부하는 것은 '어중이떠중이'의 실패를 피하기 어렵다. '이거 볼 바에야 더 잘 만든 거 본다'는 평가가 전부인 실패 말이다.

아모스 이는 리콴유를 비판해서 주목받은 것이 아니고 종교를 부정해서 스타가 된 것이 아니다. 그는 리콴유와 마거릿 대처의 성관계를 묘사한 그림을 공개하고 《쿠란》을 강간하는 듯한 장면을 연출하며 유명세를 얻었다. 나아가 본인이 저지른 기행으로 인해 경찰에 구속됨으로써 마침내 세계적인 스타가 되었다. 그는 논객을 참칭했지만, 지식과 논리가 부족한 처지에서 번듯한 논객들의 콘텐츠를 흉내내다 적당히 실패하는 길을 택하지 않았다. 같은 주제를 다루되 논설과는 무관한 스턴트를 벌임으로써, 완벽하게 우스꽝스러운 실패로 대박을 터뜨린 것이다.

'It's so bad, it's so good'이라는 영어 표현이 있다. 어떤 작품이 너무나도 형편없고 엉망인 나머지 애정이 생길 지경이라는 말이다. 그런데 이것은 아마추어가 대충 만든 허접한 패러디물에 대한 감상이 아니다. 이 평가의 전제는 '프로의 자세로 진지하게, 열심히 만든 것'이어야 한다는 데 있다. 〈더 룸〉(2003)이라는 영화가 대표적이다. 이 99분짜리 장편영화는 말 그대로 총체적 난국이다. 도무지 납득이 안 되는 스토리 전개, 미해결로 남는 하위 플롯, 엉성한 연기와 대사 전달력, 연속성을 깡그리 무시하는 편집 등으로 개봉 당시에는 철저하게 외면받은 작품이다. 한 비평가는 〈더 룸〉을 "구린 영화의 〈시민 케인〉"이라며 조롱했다. 그런데 그의 비아냥 섞인 평가는 훗날 이 작품이 '역사상 최악의 영화'라는 유명세를 타게 되자 역설적으로 더없이 적절한 비평으로 바뀌어 회자되고 있다. 이 영화의 제작·각본·감독·주연배우를 전담한 토미 와이소Tommy Wiseau는 영화계 커리어가 전무한 사람으로, 지금까지 나이와 출생지조차 제대로 공개되지 않은 미스터리한 인물이지만 영미권의 젊은 네티즌 가운데 그와 〈더 룸〉을 모르는 사람은 드물 것이다. 뒤늦게 발굴되어 컬트적인 사랑을 받고 오랫동안 '밈meme'으로 소비되고 있는 〈더 룸〉은 우스꽝스러운 실패가 성공으로 이어진 무수한 사례 가운데 하나다.('밈'에 대한 설명은 4장, 80-82쪽 참조)

'무플보다 악플이 낫다'는 표현은 대중적 인기로 성패가 결정되는 연예인과 정치인에게나 어울리는 말이었다. 정치인들 사이에서는 '부고란만 아니면 무조건 언론에 나오는 것이 좋다'는 우스개가 있을 정도다. 그러나 소셜미디어가 전 인류를 '네트워킹' 하면서 이제는 만인에게 무플보다 악플이 나은 시대가 되었다.

주목이 가치를 규정한다

앞서 정보시대와 주목경제의 관계를 논했지만 지금은 정보시대라는 말도 새삼스러운 것이 되었다. '데이터 시대'라는 표현이 더 적절할 것이다. 데이터는 정보 이전의 단계, 날것 그대로의 자료다. 다시 말해 데이터에 의미가 부여된 것이 정보다. 회오리치는 치즈 토네이도에 뺨을 얻어 맞은 테이스티훈의 영상은 정보값이 0에 가깝다. 아모스 이가《쿠란》에 대고 용두질하는 장면 역시 그 자체로는 어떤 의미도 없다. 인스타그램이나 틱톡TikTok과 같은 소셜미디어에 업로드되는 사진이나 짤막한 영상은 대부분 한번 보고 완전히 잊어버려도 아무런 문제가 없다. 요컨대 이런 것들은 정보가 아니라 데이터다.

그런데 이렇듯 쓸모없어 보이는 데이터들이 21세기 자본주의의 연료가 된다. 유튜브·인스타그램·페이스북·틱톡 등 소셜미디어 플랫폼은 이용자의 활동에서 방대한 데이터를 추출해낸다. 언어, 생활 습관, 검색 기록, 소비 경향, 동선, 이용자 간 상호작용, 게시물 선호 성향, 이미지 등 닥치는 대로 긁어모은 데이터는 또 다른 기업에 판매된다. 이런 데이터가 쌓여 일정한 패턴이 형성되면, 상품의 수요를 분석해 맞춤형 광고를 송출하고 생산량을 조절하는 데 유용한 정보가 되기 때문이다. 앞서 강조했듯, 주목경제 시대에서는 사람들의 눈에 먼저 띄는 것이 무엇보다 중요하기 때문에 기업의 운명 역시 남들보다 빨리, 더 많이, 더 다양하게 소비자의 데이터를 축적·활용하는 능력에 달려 있다. 따라서 플랫폼·서비스업·제조업·운송·마케팅 등 이윤을 추구하는 곳이라면 데이터 확보에 사활을 걸 수밖에 없다.

더 많은 데이터의 축적을 위해서는 더 많은 이용자의 유입이 요구된다. 따라서 오늘날 플랫폼 기업은 눈앞의 이윤보다는 성장(이용자 확보)을 더 중요시한다. 이를 위해 플랫폼 이용료를 무료에 가깝게 낮춤으로써 경쟁사보다 더 많은 고객을 유치하는 것이다. 물론 이윤을 포기한 것은 아니다. 이용자들이 플랫폼을 경유하며 벌이는 모든 활동은 일종의 자유·무료노동으로, 플랫폼 기업의 이윤도 바로 여기

트위터, 페이스북, 인스타그램 등 소셜미디어는 다양한 루트로 사람들의 일상에 침투했고, 마침내 전 세계인을 '네트워킹' 하는 데 성공했다. 소셜미디어가 무료 매체라는 것은 착각이다. 모든 이용자는 저마다의 소셜네트워크에서 데이터를 생산·제공하는 노동기부를 하고 있다. 유명 유튜버들의 어마어마해 보이는 수익은 플랫폼 기업 유튜브가 이용자들이 생산한 데이터로 벌어들이는 천문학적 이윤의 부스러기에 불과하다.

에서 발생한다.[1] 영어로 'free'는 '무료'와 '자유'라는 뜻을 동시에 갖는다. 따라서 이용자의 플랫폼 활동을 'free labor'라고 부르는 것은 꽤 적절하다. 플랫폼의 이용은 그 자체가 데이터를 '생산'하는 일이며 수익을 창출하지만 그에 합당한 임금을 받지 않기 때문에 무료노동이며, 이용자는 본인이 원할 때 원하는 방식으로 활동하기 때문에 자유노동인 셈이다. 예컨대 유명 유튜버들이 벌어들이는 (일견 어마어마해 보이는) 수익은 실은 유튜브에서 베푸는 격려금에 불과하다. 유명 유튜버들이 유입시키는 신규 이용자들, 이들이 생산해내는 데이터로 창출한 천문학적인 이윤의 극히 일부에 지나지 않은 것이다.

최근 미국의 청년들 사이에서는 공중화장실 좌변기 시트를 혀로 핥는 영상(코로나 바이러스 챌린지)이라든가, 알러지 약을 과복용하는 영상(베나드릴 챌린지) 등 무의미한 것을 넘어 목숨을 위협할 정도로 위험한 스턴트 행위가 공공연히 권장되고 있다. 이것들조차 데이터로서 가치를 지닌다. 아무런 정보값이 없고 심지어 위험하고 해롭기만 한 짤막한 영상이라도 빅데이터의 일부가 되어 인공지능 딥러닝에 이용되는 것이다. 아모스 이같이 폭력적이고 혐오로 점철된 영상으로 '어그로'를 끌더라도 많은 사람의 유입을 유도한다면 플랫폼 기업 입장에서는 더없이 '이로운 어그로'인 것이다. 따라서 데이터 시대 주목경제의 명제는 이렇게 정리할 수 있겠다. 관심은 그 자체로 돈이 되며, 주목이 가치를 규정한다.

눈에 잘 띄는 것이 지선至善인 주목경제 아래서 모든 콘텐츠는 주목과 관심의 크기에 따라 가치가 결정된다. 주목과 관심을 유발하는 방법은 두 가지다. 하나는 양질의 콘텐츠로 승부하는 것이다. 기존 콘텐츠가 다루지 못한 새로운 내용을 이야기함으로써 경쟁력을 확보하거나, 낯설고 어려운 테마를 쉽게 풀어서 해설하는 방식이다. 어려운 문제를 쉽게 풀어주는 콘텐츠는 논의를 지나치게 단순화할 위험이 있지만, 이에 대해서는 뒤에서 이야기하기로 한다.

다른 하나는 주제가 무엇이든 목불인견 수준의 혐오스러운 장면 연출과 함께, 폭력적이고 자극적인 '표현 공해'로 이목을 끄는 것이다. 이 방식의 문제는 테이스티훈이나 〈더 룸〉의 사례처럼 웃음이나 밉살맞지 않은 조롱의 대상에서 멈추는 게 아니라는 점이다. 아모스 이처럼 특정 집단의 분노를 유발하거나, 소셜미디어 등지에서 유행하는 온갖 해괴망측한 '챌린지'와 같이 혐오감을 자아내는 콘텐츠로 주목 경쟁에서 승리하는 사례들이 도처에서 창궐하고 있다. 악화가 양화를 구축하고 있는 것이다.

2

선을 넘는 녀석들 / 위반의 문화정치

좌파의 문화정치 전략이었던
'선 넘기', 위반의 미학은 주목경제
시대에 이르러 하나의 장사 수완이
되었다. 나아가 이제는 극우 진영의
주효한 전략으로도 활용되고 있다.

트롤Troll의 기원은 북유럽 신화로 거슬러 올라간다. 그들은 주로 동굴이나 언덕 밑에 집을 짓고 사는 요정과 같은 존재로, 인간에게 장난과 행패를 일삼는 악동으로 묘사된다. 영미권에서는 난데없이 나타나 훼방을 놓거나, 악의를 갖고서 불특정 다수 혹은 상대의 기분을 상하게 만드는 이를 가리켜 트롤, 그러한 행위를 '트롤링'이라고 일컫는다.

인터넷이 보편화하면서 트롤링의 방식과 수단, 대상의 범위도 진화와 확장을 거듭했다. 웹상에서 트롤링은 하나의 유희 문화로 자리 잡은 지 오래다. 접전이 벌어지고 있는 온라인 게임에서 혼자 태업을 한다거나, 연예인 팬 카페에서 해당 연예인의 과거사나 루머 등을 끊임없이 언급하거나 성형 전 사진을 올리는 식으로 분위기를 흐리는 일, 커뮤니티에서 특정인을 도발해 분쟁을 부르거나 게시판 성격과 무관한 정치적 이슈를 던져서 감정싸움을 일으키기, 누가 봐도 엉뚱한 기행을 저지른 뒤 이를 공개해서 떠들썩하게 만드는 일, 일부러 기분 나쁜 어투를 골라 빈정거림으로써 보는 사람을 자극하기 등 갖가지 방식으로 분위기를 망치며 이목을 끄는 것이 모두 인터넷 시대의 트롤링이다. 이런 행위를 맥락에 따라 '낚시' '분탕질' '어그로'로 불러온 한국에서도 점차 트롤링이라는 용어가 통용되고 있다.

트롤링의 동기는 당연히 관심이다. 몇 마디의 말로 소란을 일으키고 일말의 영향력을 만끽하는 행동은 관심을 갈구하는 것과 다르지 않다. 트롤은 '관종'(관심종자)이라는 말과 호환 가능하다. '종자種子'라는 표현은 어떤 사람의 씨앗, 즉 근본부터가 남들과 다름을 가리킨다. 나아가 '관심'으로 수식되는 그 특질은 하나의 종種적인 속성에 맞먹는 지위를 갖는다. 따라서 관종은 인터넷 시대에 출현한 별종 혹은 신인류라고 할 수 있겠다.

물론 관종은 돌연변이나 희귀한 존재가 아니다. 주목경제 시대의 인류는 모두 '관종끼'를 갖고 있다. 《관종의 시대》(2020)라는 책을 쓴 김곡의 말대로 "오늘날 관심은 돈과 삶의 개념 자체를 그 '종자'부터 바꾸어"[2] 놓았기에 이 시대를 살아가기 위해 어느 정도 타인의 관심을 갈구하는 것은 자연스러운 현상이다. 주목과 관심이 가치를 규정하기 때문이다. 다만 이런 보편적 '관종끼'를 넘어 주목과 관심에 자아를 일체화·동기화하는 사람이 이 책에서 비판적으로 분석하는 '(나쁜) 관종'이다. 트롤은 관종에 공격성과 과격함이 더해진 자들이다.

대중의 관심은 유한하기에 주목 경쟁은 치열해질 수밖에 없다. 아모스 이가 더 큰 관심과 주목을 받기 위해 더 자극적이고 공격적인 어젠다를 찾아 헤매다 자폭해버린 것처럼, 조회수를 위해 관심을 좇다 '선을 넘는' 사람들이 계속해서 늘고 있다. 트롤의 경쟁 상대는 다른 트롤들이 아니라 전 세계의 만인이다. 심지어 자기 자신도 주목 투쟁의 경쟁자다. 도발의 수위가 대동소이하다면 금세 식상해지고 어그로의 효능이 감소하기 때문이다. 트롤링이 유발하는 자극에도 한계 효용 체감 법칙이 적용되는 셈이다. 결국 트롤링의 강도는 갈수록 높아지게 된다.

'선 넘기'와 '사이다'의 언어사회학

'선 넘네'라는 표현이 꽤 오랫동안 유행하고 있다. 이 말은 만화가 엉덩국의 〈애기공룡 둘리〉라는 짤막한 인터넷 만화에 등장하는 대사다. 수년 전부터 네티즌들 사이에서는 둘리의 '인성' 문제가 재조명되어왔다. 둘리와 그의 친구들은 사실 근면한 소시민 고길동의 집에 느닷없이 얹혀살면서 하는 일 없이 사고만 치고 다니는 민폐덩어리였다는 것이다. 엉덩국의 만화는 이를 재해석해 둘리를 깡패로 묘사한다. 사고뭉치 둘리를 보다 못한 고길동이 물 한 바가지를 퍼부으며 집에서 나가라고 외친다. 그러면 둘리가 "선 넘네…"라며 혼잣말을 내뱉은 뒤 초능력으로 고길동을 잔인하게 응징하는 것이다.

'선을 넘는다'는 것은 마땅히 지켜야 할 규칙, 사회적 합의, 금도를 의도적으로 위반한다는 의미다. 인터넷 트롤의 '선 넘기'는 좌고우면 않고 청자의 기분에 아랑곳없이 하고 싶은 말을 내뱉는 것에서부터 상대의 말문을 막는 언어도단 행위까지를 망라한다. 때마침 방송인 장성규·김민아 등이 텔레비전 방송의 금기를 우회하며 아슬아슬하게 진행하는 것을 보며 즐거워하던 네티즌들은 '선 넘네'라는 댓글을 달았고, 이것이 번져나가며 한 시대의 유행어가 되었다.

최근 몇 년간 '선 넘네'와 비슷한 맥락과 의미를 지닌 표현들이 유난히 유행했다. 대표적인 게 '사이다'라는 말이다. 이는 답답한 상황에서의 속 시원한 대처를 가리키는 표현이다. 사람들은 이 말을 고구마를 잔뜩 먹은 뒤에 오는 갑갑함을 사이다 한 캔 들이키면서 해소하는 청량감으로 받아들인다. 유행어로서 '사이다'의 기원은 서열이나 권력 관계에 대한 저항 의식에서 찾을 수 있다. 갑질 하는 상사나 억지 클레임을 거듭하는 진상 고객에게 속이 뻥 뚫릴 만큼 시원하게 대처하는 상황을 두고 네티즌들이 '사이다'라고 댓글을 단 것이다. 이후 '사이다'는 평범한 임금노동자, 서비스직 노동자, 자영업자, 임차인 등 '을의 정치'의 항시적인 투쟁 상태에 놓여 있는 사람들에게 상상적 해결 또는 대리만족을 주는 기표로 자리 잡았다.

그런데 이 말이 더욱 대중화되면서 의미가 변화하기 시작한다. 약자가 강자에게 날리는 시원한 일갈이던 '사이다'는, 알렉산더가 고르디우스의 매듭 자르듯 복잡다단한 문제를 단칼에 해결하는 행위 일반을 가리키는 말로 쓰이는가 하면, 어느새 '마음에 들지 않는 사람 면전에 던지는 모욕적 언사'의 대명사가 되었다. 이렇듯 변질된 의미에는 '을의 투쟁'이 없다. 그저 당장 내 심기를 거스르는 이에 대한 응징이 본인과 그것을 목격하는 제3자에게도 통쾌한 일이 된 것이다. 사이다를 끼얹는 상대가 어떤 사람인지는 이제 아무래도 상관이 없다.

'팩트 폭력'(팩폭)이라는 말도 '사이다'와 유사한 경로의 의미 변화를 겪었다. 토론장에서 반박의 여지없는 팩트Fact를 제시하며 논적을 꼼짝 못하게 하는 경우를 가리키던 이 표현은, 넓게는 '체면과 관계 등을 고려해 차마 면전에서 하기는 힘들지만, 모두가 다 아는데 당사자만 모르는 문제점이나 한계를 뼈아프게 지적하는 경우'에도 쓰였다. 그런데 이 역시 삼척동자도 아는 대중적 유행어로 번지면서 굳이 거론하지 않아도 되는 문제나 개인적인 결점을 꼬집으며 무안을 주고 난처하게 만드는 행위까지를 망라하는 표현으로 바뀌었다. 그러던 것이 이제는 사실 여부와 관계없이 화자가 상대에게 갖고 있는 혐오와 경멸을 폭언으로 발산하는 경우에까지 '팩트 폭력'이라는 말이 붙는다. 팩트는 사라지고 폭력만 남은 것이다.

선넘규와 코커와
그들의 청출어람 워너비

아모스 이 같은 인터넷 트롤들이 세상에 상연하려 애썼던 '노빠꾸 인생'에는 공동체 구성원 간의 마땅한 예의, 묵시적으로 합의된 '해도 되는 말과 해서는 안 되는 말'의 경계를 무너뜨리는 언사에 쾌감을 느끼는 멘털리티가 집약되어 있다. 이제는 말을 넘어서 직접 행동에 옮기는 것까지, '선을 넘어서는' 언동은 점차 대중의 오락거리로 소비된다. 최소한의 금도마저 위반하는 망동들의 전시에 조회수가 폭발한다. 정말 재미있어서든 비난 댓글을 달기 위해서든 관심의 크기를 집계한 조회수는 주목경제의 성과가 되고 돈이 된다.

방송인 장성규는《JTBC》소속 아나운서 시절부터 본분을 잊은 듯한 직설이나 민감한 질문을 여과 없이 던지는 모습으로 전에 없이 독특한 캐릭터를 구축했다. 덕분에 그는 '선넘규'라는 별명과 인기를 함께 얻었고, 프리랜서 선언 이후에도 방송계를 종횡무진하고 있다. 전 기상캐스터 김민아는 장성규의 행보를 그대로 벤치마킹한 과감한 행보로 단기간에 유명 방송인으로 자리 잡았다. 그는 '코커'(코리안 조커)라는 자신의 별명을 기꺼워했고, 네티즌들은 '장성규가 선을 넘는다면 김민아에겐 넘을 선조차 없다'며 농담 섞인 호평을 내렸다. 얄궂게도 이 농담은 현실이 된다. 김민아가 한 유튜브 방송에서 남자 중학생에게 성희롱 혐의가 다분한 발언을 거듭하며 물의를 빚은 것이다. 물 들어올 때 노 젓는다지만, 김민아의 노는 선을 너무 크게 넘었다. 이 여파로 그는 많은 팬을 잃었고 출연하던 방송에서도 물러나야 했다.

김민아는 '선 넘기'로 흥하고, '선 넘기'로 망했다(혹은 망할 뻔했다). 그런데 후자를 본보기로 여기는 인터넷 트롤은 찾아보기 힘들다. 그들에게는 '선 넘기'로 흥했다는 것만이 중요하기 때문이다. 그나마 장성규와 김민아를 비롯한 대개의 텔레비전 방송인은 많은 주목과 관심을 얻음으로써 더 잘나가는 방송인이 되고자 하지만 트롤의 목적은 오로지 주목과 관심 그 자체에 있다.

100만 단위의 구독자를 보유한 유명 유튜버 송대익은 치킨 프랜차이즈 배달원이 음식을 빼먹었다는 내용의 거짓 방송을 내보내며 여론의 비난과 민형사상 피소에 직면했다. 코로나19 바이러스 유행 초기에 몇몇 유튜버는 감염자 행세를 하며 공공장소에서 콜록대면서 쓰러지는 등 난동을 부리다가 입건된 바 있다. 도망가는 확진자와 그를 쫓는 당국자의 추격전을 연출하며 사람들을 공포에 떨게 만든 유튜버도 있었다. 신경 장애의 일종인 투렛 증후군을 연기하며 동정몰이로 조회수를 올리다가 발각된 경우가 있는가 하면, 한 초등학생이 범죄자 조두순의 아들을 사칭하며 '우리 아빠 건들지 마라'는 제목의 영상을 올리는 일도 벌어졌다. 이렇게 근래 1년 동안의 사례만 봐도 인터넷 트롤의 만행을 실감할 수 있다. 금도의 하한이 점점 내려가고 그 행위자의 연령도 낮아지고 있는 것이다. 선넘규와 코커를 넘어, 한국에서 아모스 이 같은 트롤이 등장하는 것은 시간문제로 보인다.

전복과 위반,
좌파의 전략에서 마케팅과 극우의 무기로

온갖 시정잡배들이 설쳐대면서 사회에 소란을 일으킨다. 과거라면 범죄자나 미치광이 취급을 받았을 이들이 아이돌이나 사회적 명사에 비견되는 팬덤과 시청자를 거느리게 된 배경은 무엇일까? 단지 별난 사람들이 급증해서일까?

'선 넘기', 즉 위반의 문화정치는 본래 좌파의 전략이다. 사드 후작과 프리드리히 니체, 미셸 푸코는 정상-비정상 혹은 합리성-비합리성의 경계를 긋는 지식과 도덕에는 권력이 작용한다는 것을 일찍부터 알았다. 나아가 이들은 통념과 금기에 대한 전복과 위반을 저항의 미덕으로 축복한 바 있다.

보수주의는 전통적 가치, 즉 상식과 통념을 수호하며 현 상태의

1955년 흑인민권운동가 로자 파크스(위)는 백인의 '당연한' 좌석 양보 요구를 거절함으로써 당대 미국 사회의 통념과 규범의 선을 넘었다. 코로나19 바이러스가 대유행한 2020년, 이번에는 미국의 대안 우파들이 보건당국의 마스크 의무화 조치를 집단적으로 거부하며(아래) 공동체 안전의 금도를 넘어섰다. 위반의 문화정치를 구사하는 주체와 진영이 뒤바뀌고 있다. 각각을 대표하는 두 이미지는 '선 넘기'가 저항의 미학에서 마케팅 전술로 전락했음을 일깨운다.

유지와 재생산을 도모한다. 반면 진보주의는 그 안티테제로서 당연하게 받아들여지는, '주어진 것'으로 간주되는 모든 것에 의문을 표하며 사회의 제 부문에 변혁을 시도한다. 특히 1960년대 전 세계를 변화와 저항의 열망으로 뒤흔든 68운동 이후, 좌파 진영이 문화적으로 보수주의와 다를 바 없이 경직되었다는 반성이 일었다. 금기·도덕·권위·위계·구획·경계 등에 순응하지 않는 태도에 '저항적'이라는 수식어가 붙었고, 이는 곧 진보의 가치로 칭송되었다. 아모스 이가 한때 무정부주의자·공산주의자를 자처한 것도 이와 연결지어 생각해볼 수 있다. 아모스 이가《쿠란》과 성관계하는 모양새를 취할 당시 서구 자유주의 미디어는 그를 연성 독재국가 싱가포르의 경직된 문화에 저항하는 소년 운동가로 포장했다는 사실을 상기하자.

시간이 지남에 따라 월경越境과 전복과 위반의 가치는 점차 대중에게 익숙한 것이 되었다. 긴장을 잃어버린 '선 넘기'의 미학은 탈정치화했고, 이후 문화산업에서 유행한 혼성 모방Pastiche(풍자나 비판의식이 결여된 패러디)의 소재로 전락했다. 전복과 위반의 미학이 대중화하면서 가능케 했던, 세계적으로 가장 크게 조명된 사회운동의 사례로 2011년 월가점령운동Occupy Wall Street, OWS을 꼽을 수 있다. 월가점령운동은 세계 금융위기 이후 경제난과 실업에 내몰린 사람들이 문제의 근원으로 지목된 월스트리트를 점거한 사건이었다. 이 캠페인은 소셜미디어와 이동통신의 발전에 힘입어 조직 없는 조직과,

비위계적·탈중심적·수평적·이념횡단적 운동의 가능성을 보여주었다. 아이러니하게도 이 운동이 초반의 기세를 이어가지 못하고 금세 흩어져버린 이유는 학계와 언론이 칭송해 마지않던 그 '탈중심성'에 있었다.

탈중심성이 운동의 지속성을 해친다면 '좌우 이념횡단성'은 내용의 미未결정성을 의미했다. 월가점령운동이 내세운 '1% 대 99%'라는 구호는 폭발적 대중 동원을 이끌었지만, 거기엔 이후 현실정치에 뿌리내릴 만한 구체적 프로그램이 없었다. 수평적·반권위적 '네트워크 운동'이라는 것도 결국 캠페인의 형식일 뿐, 그 안에 어떤 알맹이가 있는지 말하는 이는 없었다. 그 빈자리에는 무엇이든 들어갈 수 있었다. 좌파 평단과 학계는 전복과 위반의 가치로 짜인 네트워크를 새롭고 매혹적인 변혁운동의 첩경으로 여겼다. 그러나 정작 그 내용에 관한 정치한 논의가 내팽개쳐진 탓에 전복과 위반은 문화산업의 마케팅 전략으로 전유되었고, 점차 탈정치화하게 된다.

이렇듯 좌파의 문화정치 전략이었던 '선 넘기', 위반의 미학은 주목경제 시대에 이르러 하나의 장사 수완이 되었다. 나아가 이제는 극우 진영의 주효한 전략으로도 활용되고 있다. 전통의 옹호와 회복을 통한 현상 유지를 골자로 하는 보수주의와 위반이 내포하는 반도덕주의, 무정부주의, 공격적 세속주의는 언뜻 양립 불가능해 보인다. 하지만 오늘날의 극우주의는 대중의 이목이 쏠릴 법한 선을 넘는 행위에 교묘히 메시지를 부여함으로써 정치적 선전 도구로 활용하고 있다. 코로나19 바이러스가 미국에 상륙한 2020년 봄, 트럼프를 지지하는 미국의 대안 우파들이 당국의 마스크 착용 의무화 조치에 정면으로 반발하며 벌인 집단 행동이 가까운 예다.

극우 혹은 과격파들이 '선 넘기'를 효과적인 선전 전략으로 활용할 수 있는 것은 어찌 되었든 '선을 넘는' 콘텐츠가 높은 조회수를 보장하기 때문이다. 사회적 금도를 무너뜨리는 언행에 그토록 많은 사람이 열광하는 것은 헤게모니 균열의 징후와 다르지 않다고 주장하고 싶다. 선을 넘는 기행에 쏟아지는 대중의 열광은 헤게모니에 도전하는 행위에 대한 예찬이다. 모든 것에 의문부호가 붙는 오늘날, 사회의 여러 조건과 결과에 개의치 않고 사회 질서에 '개기는' 행위를 보면서 잠시 눈살은 찌푸릴지언정 일말의 쾌감을 갖지 않을 수 없는 것이다. 규범이든 예의든 공동체에서 요구하는 것들은 다 지키며 살아왔지만 사는 형편은 좀처럼 나아지지 않으니, 그런 트롤들을 대리 삼아서라도 질서 자체를 흔들려는 움직임일 수도 있겠다.

3

대신 생각해드립니다 / 사유의 외주화

사유는 고된 일이다. 사유를 남이 대신해줄 수 있다면 얼마나 좋을까? 그동안 다른 재미있는 일을 하거나 한 푼이라도 더 벌 수 있을 테니 말이다.

'리액션 비디오Reaction Video'라는 것을 한번쯤은 보았거나 들어본 적이 있을 것이다. 리액션 비디오는 "수용자가 특정 비디오를 시청하고 그에 대해 발언하는 자신의 모습을 원숏One shot 촬영을 통해서 녹화하고 배포하는 비디오물을 뜻한다."[3] 간단히 말해 '콘텐츠에 대한 아마추어 콘텐츠'인 셈이다. 리액션 비디오에 생소한 사람들은 이런 의문을 가질 수 있겠다. 그냥 콘텐츠를 보면 될 것을 왜 굳이 아마추어가 만든 '콘텐츠에 대한 콘텐츠'를 보는가? 한두 명의 유튜버가 음악이나 뮤직비디오·영화·드라마의 한 장면을 틀어놓고 카메라 앞에서 별다른 코멘트도 없이 비명을 지르고 눈물 흘리고 깔깔 웃거나 충격에 사로잡히는 모습을 담은 영상에 무슨 의미가 있기에 그렇게들 많이 보고 많이 만드는 것일까?

공감하려는 관성 혹은 욕망

'콘텐츠에 대한 콘텐츠'라는 점에서, 영화나 음악 등을 리뷰·비평하는 유튜브 영상도 일종의 리액션 비디오로 볼 수 있다. 다만 리액션 비디오는 말 그대로 '다시-보기'인 리뷰와 달리 콘텐츠를 처음으로 보거나 듣는 모습을 담아내며 그에 따른 유튜버의 감정 변화를 실시간으로 드러낸다. 리뷰 영상이 리뷰어의 감상을 분석해서 언어로 정제한다면, 리액션 비디오는 날것 그대로의 감상을 보여준다. 따라서 리액션 비디오에는 작품을 가까운 사람과 한 공간에서 감상할 때 얻는 '공감'을 발생시키는 효과가 있다. 즉 '다른 사람은 이 작품을 보고 들으면서 어떤 감상을 가졌는가'라는 호기심이 리액션 비디오의 핵심이다. 넷플릭스·훌루·왓챠 등 OTTOver The Top플랫폼이 대중화되고 1인가구가 증가함에 따라, 식구들이 거실에 모여서 브라운관 텔레비전을 보던 풍경은 점점 추억이 되어가고 있다. 각자의 방에서 모니터나 스마트폰으로 작품을 시청하는 게 보편화한 세상이다. 그런 와중에도 감상을 누군가와 함께 나누려는 욕망은 관성처럼 남는다. 그렇다면 리액션 비디오의 인기는 원격으로라도 타인과 공감하려는 의지가 반영된 것일 수도 있겠다.

나도 리액션 비디오를 종종 본다. 영화·음악·애니메이션 등 내가 좋아하는 것을 남들도 좋아하며, 같은 장면과 대목에서 비슷한 감상에 젖음을 알게 되는 것은 즐거운 일이다. 특히 즐겨 듣지만 대중적으로 알려지지 않은 뮤지션의 음악을 다룬 리액션 비디오를 만나면 그렇게 반가울 수가 없다. 물론 개중에는 굉장히 거슬리는 영상도 보인다. 리액션 비디오도 결국 그들끼리 조회수 경쟁을 하기 때문에 리액션이 점점 커지고 자극적·연극적으로 흐르는 경향이 발생하는 것이다. 자지러지게 웃다가 뒤로 자빠지는 연기는 차라리 얌전한 편이고, 3초에 한 번씩 괴성과 욕설을 내지르지 않으면 견디지 못하는 유튜버가 매우 많다.

영상에 달린 댓글을 읽어보는 것도 흥미롭다. 인기 리액션 비디오의 대다수는 팝스타의 뮤직비디오, 잘나가는 영화나 드라마 등 팬덤과 대중성이 튼튼한 콘텐츠를 다루기 때문에 유튜버들이 상연하는 '반응'도 대체로 호의적이다. 간혹 시큰둥한 반응을 내보내는 영상도 있다. 오버 리액션Overreaction이라는 대세를 따르지 않고 진지한 태도로 자신의 감상을 이야기하는 방식으로 차별화하는 것이다. 이러한 리액션 비디오를 표방하는 유튜버가 콘텐츠에 박한 평가를 주면, 해당 콘텐츠의 팬들은 그를 공격한다. '볼 줄 모른다' '안목이 없다' 식의 댓글은 점잖은 편이다. 다짜고짜 욕설을 날리는 것은 다반사고 살해·강간 협박도 등장한다. 이쯤 되면 '다른 사람은 이 작품을 보고 들으면서 어떤 감상을 가졌는가'라는 리액션 비디오 소비의 출발점

판타지 소설《얼음과 불의 노래》에서 가장 충격적인 전개로 유명한 '피의 결혼식' 대목을 읽은 독자들의 반응(리액션) 모음. 옆사람의 감상에 대한 호기심, 그와 공감하려는 의지는 일종의 본능이다. 주목경제 시대를 사는 사람들은 유튜브 안에서 저마다의 리액션을 실제보다 과장된 감탄사, 더 자극적인 몸짓으로 주고받고 있다.

이 되는 호기심은 무의미해진다.

보다 정제된 형태의 리뷰 영상을 시청하는 것도, 제작자의 의도와 무관하게 기능적으로는 리액션 비디오를 보는 것과 다를 바 없어지고 있다. 즉각적인 감정을 보여주는 리액션 비디오는 카메라와 마이크만 있다면 누구나 촬영해 올릴 수 있고 감상의 자격을 따지지도 않는다. 반면 리뷰나 비평 영상은 전문적 식견과 논의를 요구한다. 즉 리액션 비디오가 '(나와 다름없는) 타인의 감상'이라면 리뷰 영상은 '전문가의 견해'다. 그런데 이마저도 보는 사람의 의견과 어긋나면 안목 없는 사이비 비평가의 헛소리로 치부되고 기각되기 일쑤다. 댓글난은 해당 유튜버를 비난-옹호하는 이들의 전쟁터로 쑥대밭이 된다.

유튜브의 리뷰·비평 영상에서 드러나는 이러한 경향은 지면 매체의 전통적 비평·논설·칼럼의 수용 행태에서도 목격된다. 자신의 생각과 반대되는 주장이 담긴 글을 만나면, 본인의 견해를 반추하고 종합하려들기보다는 '반박당했다'는 데서 오는 반발심을 뾰족하게 드러내며 해당 주장을 철저히 폄훼한다. 감히 단언하자면 오늘날 많은 사람이 리뷰·비평·칼럼 등을 읽는 목적은 '나의 생각을 세련되고 시원하게, 설득력 있게끔 대신 정리하고 표현해줄 누군가'를 찾으려는 것밖에 없다고 할 수 있다.

좋아요와
팔로우의 감옥

본인의 의견과 일치하는 콘텐츠에는 '좋아요'를 누른다. 조금이라도 거슬리는 콘텐츠에는 '싫어요'를 누른다. 이런 행위는 소셜 플랫폼에서 해당 이용자에게 노출되는 게시물의 성향을 결정하는 알고리즘에 커다란 영향을 미친다. 자연히 이용자의 선호에 부합하는 게시물이 메인화면에 노출되고, 비슷한 성향을 가진 이용자끼리 상호작용이 빈번해지면서 '필터 버블Filter Bubble'이 만들어진다. 필터 버블이란 '그들만의 리그'를 세상의 전부로 인식하는 착시 현상을 말한다. 이는 확증편향의 현대적 현상이다. 게다가 소셜미디어와 일상의 유착이 갈수록 끈끈해지는 흐름에서 개인의 세계관을 소셜미디어에 동기화하려는 경향은 더욱 강해질 것이다. 자신의 의견과 일치하는 콘텐츠만을 '팔로우'하고 '구독'하는 사람들은 해당 콘텐츠의 화자가 피력하는 의견과 주장에 자신의 생각을 포갠다. 내 성향과 맞는 것만 눈에 띄기에 내가 보는 것이 곧 나의 성향이 되는 것이다. 그렇게 끼리끼리 한데 모인 필터 버블 안에서 가뜩이나 닮은 성향을 상호 증폭시키는 현상, 이른바 '에코 체임버Echo Chamber'(반향실 효과)가 나타난다.

아모스 이가 미국 유튜버들에게 자아를 의탁하다시피 하며 성장

소셜미디어는 앉은 자리에서 전 세계인과 생각을 나눌 수 있는 세상을 만들었다. 그러나 좋아요-팔로우의 알고리즘을 따라 형성된 생각의 지도는 갈수록 작달막해진다. 심지어 그 좁다란 세계관의 주인이 본인이라고 장담하기도 힘든 시대가 되었다.(©Mr. Thoms)

한 것처럼, 자신의 생각·느낌·의견을 본인이 '따르는' 사람에게 '맡기는' 이들이 늘고 있다. 요컨대 사유를 외주화하는 것이다. 사유는 고된 일이다. 사유를 남이 대신해줄 수 있다면 얼마나 좋을까? 그동안 다른 재미있는 일을 하거나 한 푼이라도 더 벌 수 있을 테니 말이다.

현대인은 사실상 모든 것을 남에게 맡길 수 있는 시대를 살고 있다. '먹방'은 양질의 식사를 남이 대신해주는 것과 다름없다. '겜방'(게임방송)은 놀이를 대신해주는 것이다. 실제로 비디오게임을 직접 즐기지 않고 겜방 시청으로 만족하는 사람이 늘면서 게임 업계의 고민이 크다고 한다. 심지어 짤막한 리뷰 영상을 보는 것으로 영화 관람을 대신하는 사람도 있다. 여행 방송은 말할 것도 없고, 특히 대중이 시사 비평 유튜브 방송을 소비하는 양상은 '사유의 외주화'의 전형을 웅변한다.

'외주화'는 더 이상 생소한 용어가 아니다. 전통적 외주화의 예는 다음과 같다. 노동시장의 지구화에 따라 노동집약적 산업, 예컨대 농업이라든가 의류·섬유·가전제품 등을 생산하는 기초 제조업은 자본주의 주변부 국가가 담당하게 된다(노동의 외주화). 그동안 중심부의 선진국들은 부가가치가 더 높은 산업에 집중하면서 더 많은 부를 축적한다. 부가가치가 낮지만 생활에 꼭 필요한 제조업은 후진국에 맡겨 놓고 이를 저렴한 값으로 수입하는 대신 고부가가치 상품은 비싸게 내다 파는 식으로 성장하는 것이다.

노동 외주화의 중심부-주변부 관계는 여기에서 그치지 않는다. 국제 관계가 아닌 일국의 차원을 들여다보면 대도시-지방이 선진국-후진국과 같은 관계를 맺는다. 농어업과 각종 공해를 유발하는 기피 산업이 지방에 일임되고 그 외 자본·지식 집약적 산업과 주요 서비스업, 금융업 등은 대도시에 집중된다. 더 작은 사회 단위로 들어가 보더라도 형편은 다르지 않다. 사회의 재생산에 필수적인 가사와 돌봄 노동은 으레 여성에 일임되고 임금도 지불되지 않는다. 서구에서 자본주의의 시초始初축적(원시적 축적)이 일어나던 15-17세기에는 여성의 재생산 활동을 자연스러운 의무이자 부불노동unpaid work(무임금 노동)으로 강제했고, 이를 위해 여성의 모든 권리를 말살하고자 마녀사냥이 유행했다고 보는 연구 결과도 있다.

우리 일상에서도 외주화는 익숙하다. 대학교·기업체·아파트 등 어느 건물이건 청소나 경비 담당자를 직접 고용하는 곳은 찾아보기 힘들다. 어지간한 규모의 기업은 높은 숙련과 전문 지식을 요구하는 핵심 부서를 제외한 업무를 하청업체에 맡겨 인건비와 관리 비용을 절감한다. 에어컨·정수기·복합기 등 사내 전자제품 관리나 인터넷 통신기기 설치 작업 역시 대기업 브랜드만 달고 있는 하청업체들이 나눠 맡는다.

가정집에서 벌어지는 풍경도 비슷하다. 여성에게 일임되던 가사·돌봄 노동이 가정 안팎에서 외주화되고 있다. 당연히 내가 할 일이라

여겼던 일들까지 남들에게 일정 금액을 지불하고 맡기는 것이 자연스러워진 세상이다. 카페에서 커피 한 잔을 주문하면서도 배달대행을 이용할 수 있다. 거래 플랫폼, 구인 플랫폼이 일상으로 들어오면서 기상천외한 용역이 '대행'이라는 이름으로 거래되기도 한다. 신제품 출시일에 매장 앞에서 대신 줄 서기, 집에 출몰한 바퀴벌레 대신 잡기 등도 대가만 지불하면 모두 대행이 가능하다. 이러한 자잘한 일들의 아웃소싱이 '플랫폼 노동'이라는 이름으로 일반화되고 있다.

정치 유튜버들이 항상 '극대노' 하는 까닭

지식 부문에서도 외주화가 성행한다. 특히 교양 수준의 지식이 외주화되는 사례는 어렵잖게 찾아볼 수 있다. 뉴스레터 구독은 대표적인 교양의 외주화다. 초 단위로 급변하는 세상에서 사람들은 무한하게 공급되는 정보들을 하나하나 살펴볼 재간이 없다. 출퇴근길에 신문기사라도 읽으면 좋겠지만 숨 가쁜 일상은 이슈의 맥락을 따라가는 것조차 버겁게 만든다. 이때 각종 시사 전문가들이 수많은 기사를 대신 읽고 핵심만 추려주는 뉴스레터는 더없이 유익한 방편이다. 카드뉴스는 뉴스레터가 더 간소화된 형태의 시사교양 콘텐츠다. 사람들이 밑으로 내려 보는 '스크롤' 대신 옆으로 넘기며 보는 '스와이프'에 더 익숙해짐에 따라 활자로 구성된 뉴스레터보다 직관적인 인포그래픽과 이미지로 이중 요약된 카드뉴스에 대한 선호가 늘고 있다.

이렇게 세상에 떠다니는 무수한 정보 가운데 중요한 것과 흥미로운 것만 걸러낸 다음, 1분 이내로 이해할 수 있게 요약해 이용자의 눈앞에 가져다 놓는 콘텐츠를 '디지털 큐레이션'이라고 일컫는다. 디지털 큐레이션의 제작자들은 각자 나름의 어젠다와 입장을 가지고 정보들을 선별해 특정한 맥락에 위치시키고 해석을 덧씌운다. 이러한 콘텐츠가 주로 유통되는 곳은 트위터·페이스북·유튜브와 같은 소셜미디어다. 앞서 언급했듯 소셜미디어 플랫폼에서는 이용자의 성향에 맞춰 게시물의 노출 여부가 결정된다. 즉 이용자의 생각에 알맞은 해석을 제공하는 디지털 큐레이션, 좋아요를 반복해서 누른 게시물과 비슷한 성향의 콘텐츠만 메인화면에 노출되는 것이다. 자연히 이용자가 사회를 보는 눈은 해당 디지털 큐레이션과 동기화된다.

뉴스레터, 카드뉴스와 같은 디지털 큐레이션이 흥하는 것은 교양지식 역시 주목경제의 논리에서 자유롭지 않음을 보여준다. 보통 사람들은 복잡하고 길고 진지한 논의에서 주목을 길게 유지하기 어렵다. 반면 뉴스레터나 카드뉴스 정도의 시사교양물이라면 높은 수준의 주목을 투여하지 않아도 핵심을 파악할 수 있다. 그런데 이러한 디지털 큐레이션의 제공자들도 주목 경쟁을 거치며 더 자극적인 표현과 내용으로 무장하게 된다. 기성 언론의 콘텐츠도 그럴진대 독자의 입맛에 최적화된 카드뉴스 등은 더욱더 대중영합적으로 흐르기 마련이다. 복잡하고 논쟁적인 시사 문제는 거르게 된다. 그 대신 과감하게 혹은 과격하게 문제의 원인과 해결책을 일도양단하는 콘텐츠에 이목이 집중된다. 대중이 어렴풋이 짐작만 하던 사안을 단순명료하게 정리하고, 한두 가지 원인을 근본적인 것으로 과대포장하는 설명이 조회수를 독점한다.

대다수 '정치 유튜브' 방송이 이러한 경향을 따른다. 정치 유튜버들은 대체로 항상 분노하고 있다. 이들은 시사를 단순화하는 것을 넘어서 문제의 원인을 의인화해 그들에 대한 공격을 선동한다. 문제의 원인이 어떤 추상적인 구조에 있는 게 아니라 몇몇 인물이나 특정 집단에 있다는 진단은, 그들만 사라지면 모든 문제가 해결될 것이라는 간편한 처방으로 이어진다. 공식은 명쾌할수록 대중에게 강한 호소력을 갖는다. 그에 맞춰 이들이 카메라 앞에서 상연하는 분노와 격동하는 감정은 스펀지에 잉크가 스미듯 시청자에게 손쉽게 전이된다. 실시간으로 쏟아지는 댓글은 이를 더 증폭시킨다. 시청자는 그렇게 전이된 감정을 스스로 발아한 감정으로 착각한다. 유튜브를 통해 감정이 학습되는 것이다.

'학습된 감정'은 언론이 조회수를 늘리기 위해 만들어내는 '어뷰징abusing 기사'에 유용한 소재가 된다. 저마다의 어젠다와 정파성을 가진 언론들은 논쟁적 이슈가 등장할 때마다 네티즌이 그들의 에코 체임버 안에서 증폭시킨 감정적 표현을 인용하며 '이에 대하여 누리꾼들은 ○○이라고 하는 등 강한 불만을 표하고 있다'라는 식의 기사를 수십 건씩 내보낸다. 또한 정치 유튜버들이 내뱉는 혐오와 분노의 표현은 그에 대한 찬반-호오와 무관하게 이목을 집중시킨다. 따라서 이들의 발언을 제목에 인용하는 것만으로도 많은 클릭이 보장되는 것이다. 무엇보다 언론사들은 그러한 어뷰징 기사를 양산함으로써 추가 논증과 취재의 책임으로부터는 자유로운 채, 저마다의 의도대로 여론을 왜곡시키는 효과를 거둘 수 있다. 이러한 언론의 행태에 대해서는 뒤에서 다시 다룰 것이다.

4

슬픈 개구리 페페가 가른 그들과 우리 / 밈과 정치적인 것

'혐오의 시대'라는 말은 단순히 혐오적 언동이
사회문제가 되는 현상만을 가리키는 것이 아니다.
요동치는 환경 속에서 정치에 대한 신뢰가 깨지고 있다.
정치 불신은 항시적 불안과 혼란을 초래한다.
'혐오의 시대'는 이에 대한 반응이다. 다시 말해 불안과
혼란에 대응해 모종의 소속감과 안정감을 얻고자
'우리'와 '그들' 사이에 적대 전선이 공공연하게
구축되고 있음을 의미한다.

어려운 이야기보다 단순한 이야기가 눈에 더 잘 띈다. 점잖은 표현보다 욕설 섞인 막말이 더 큰 주목을 받는다. 주목 자체가 돈이 되고, 소셜미디어를 통해 사유와 감정을 외주화하는 사람이 늘어간다. 언론 매체들은 소셜미디어에 형성된 에코 체임버에서 기삿감을 찾다 못해 스스로 소셜미디어를 모방하려 든다. 이러한 시대에 기민하게 반응해 경제적 이득뿐만 아니라 사회적 영향력까지 얻으려 하는 사람들이 출현하고 있다. 바로 이들이 이 책에서 비판적으로 다루고자 하는 '프로보커터Provocateur'다. 프로보커터는 도발provoke하는 사람이라는 뜻으로, 인터넷 등지에서 글이나 영상으로 특정인이나 집단을 도발하여 조회수를 끌어올리고, 그렇게 확보한 세간의 주목을 밑천 삼아 사회에 영향력을 행사하는 사람을 가리킨다. 프로보커터에 대해 본격적으로 이야기하기 전에 먼저 간단하나마 검토해야 할 것이 있다. 1장에서 잠시 언급했던 '밈meme'이다.

한국에서 밈은 아직은 생소한 개념이다. 그렇지만 인터넷의 젊은 이용자들 사이에서는 이미 두루 쓰이기 시작했으며, 용례도 다듬어지고 있다. 영미권에서는 일찌감치 대중화되어 이제는 누구에게나 익숙한 일상어로 쓰인다. 밈의 특징은 아주 다양한 것을 가리키는 말이면서 그 쓰임에는 나름의 일관성이 있다는 것이다. 어떤 명제, 슬로건, 유행어, 단어, 이미지, 제스처, 가상 혹은 실존 인물, 음악, 동물 등 무엇이든 밈이 될 수 있다. 하지만 그러면서도 아무 때나 이 말을 갖다 붙일 수는 없다. 그렇다면 밈이 된다는 것은 무슨 의미일까?

그리고 무엇보다, 지금 여기에서 밈이라는 것을 짚고 넘어가야 하는 이유는 무엇인가? 그것은 지역을 막론하고 오늘날 격변하는 문화정치 지형에서 밈이 상당한 역할을 하기 때문이다. 특히 인터넷이 정치 공론장의 중심을 차지하기 시작한 서구에서 밈이 발휘하는 영향력은 결코 얕잡아볼 수준이 아니다. 심지어 도널드 트럼프가 2016년 미국 대통령 선거에서 승리하고 2020년에 패배한 이유가 밈 때문이었다는 주장이 상식처럼 통하기도 한다. 주목경제의 논리가 사실상 모든 것을 잠식하고 사유와 감정의 외주화가 일상이 되어버린 시대에, 눈에 잘 띌뿐더러 그에 담긴 메시지가 직관적으로 다가오는 밈은 적시적지에 배치되기만 하면 열 마디 말을 압도하는 힘을 가질 수 있다.

살아 움직이는 은어
혹은 별명

밈은 본래 생물학자 리처드 도킨스가 고안한 개념이다. 모방을 의미하는 그리스어 mimeme와 유전자를 뜻하는 영어 gene을 합성한 조어로, 인간의 문화 역시 유전자처럼 번식 욕구를 갖고 한 인간에서 다른 인간에게 옮겨 다니며 변화하고 증식한다는 것을 설명하기 위해 '문화의 최소 단위'로서 상정한 개념이다. 리처드 도킨스는 아마 지구상 가장 유명한 무신론자일 것이다. 그가 밈 개념을 고안한 까닭은 인간의 정신 활동을 논하는 데 있어서 신앙적 요인의 개입을 차단하기 위한 것으로 짐작된다.

도킨스의 밈 이론을 더 파고들 필요는 없겠다. 다만 젊은 네티즌들이 대중문화 텍스트나 정치적 언설을 그들만의 방식으로 전용하며 유희하는 것에 붙여진 밈이라는 작명은 더없이 적절한 유비라고 할 수 있다. 텍스트는 생산자의 손을 떠나면서부터 생산자의 통제에서 벗어나며, 대중이 텍스트를 수용하는 양상은 생산자의 의도와 딴판일 수 있다. 실제로 99%의 경우 그것은 우연적이다. 마치 텍스트가 그만의 동기와 욕구를 갖고 움직이는 생명체인 것처럼 말이다.

밈은 흔히 '짤방'이나 유행어의 이음동의어로 간주되는 경우가 많은데, 엄밀히 말해 동일한 것은 아니다. 짤방은 그 어원인 '짤림 방지'

라는 말이 함축하듯 게시물과 직접적인 관계가 없는 눈요깃감을 가리킨다(물론 게시물 내용을 보조하는 짤방도 있다). 유행어는 그 말의 기원을 살필 필요가 없다. 그 자체로, 이를테면 무슨 뜻인지 혹은 무엇의 줄임말인지만 알면 바로 이해될 수 있는 것이다.

반면 밈은 그것의 기원과 쓰임새의 맥락에 대한 이해가 전제되어야 한다. 학창 시절 친구들 사이에서 불리는 별명을 예로 들어보자. 대개 별명이나 애칭은 당사자의 이름이나 외모, 성격 또는 그가 겪은 특별한 에피소드와 관련 지어 붙여지고 세월과 나이 듦에 따라 일정한 변화를 겪기도 한다. 따라서 그 기원과 변천사를 온전히 이해하고 별명을 부르는 친구와 그렇지 않은 친구 간에는 친밀감의 차이가 존재할 수 있다. 이런 별명 혹은 애칭은 누군가가 의도를 갖고 인위적으로 만들기가 힘들고, 그 변천 역시 통제가 안 된다는 점에서 도킨스가 말한 밈에 비유할 수 있다.

또한 밈은 별명과 비슷하게 '아는 사람만 아는' 일종의 은어라고 할 수 있다. 소수 집단에서만 알음알음 쓰이던 밈이 대중화되어 누구나 다 알게 되면 원래 사용자들은 그 밈을 꺼리게 된다는 점에서도 은어와 비슷하다. 대부분의 '업계 용어'가 그렇듯 은어는 특정 집단의 구성원들 사이에서 발달되고 사용되며, 그것을 이해하는 사람들끼리 쉽게 결집하고 소속감을 느끼게 만드는 효과를 갖는다. 밈도 마찬가지다. 특정 상황에서 발생하는 복잡한 감정을 구구절절 설명하는 대신 한두 개의 밈으로 표현할 수 있다면, 그것을 한눈에 이해한 사람들끼리는 끈끈한 유대감이 형성되는 것이다.

혐오의 시대가 만들어낸 '우리'와 '그들'

밈이 가진 결속과 응집의 기능, 그것이 갖는 문화정치적 힘을 논하기 위해 에르네스토 라클라우Ernesto Laclau와 샹탈 무페Chantal Mouffe의 정치철학으로 아주 잠시 우회하기를 제안한다. 다소 어려울 수 있지만, 다음의 짤막한 논의를 경유한다면 왜 이 챕터의 부제를 '밈과 정치적인 것'으로 붙였는지에 대해, 또 밈이 어떻게 정치적인 힘을 행사할 수 있는지에 대한 실마리를 제공하리라 기대한다.

아르헨티나 출신의 정치철학자 에르네스토 라클라우는 포퓰리즘에 대한 그의 저작에서, 정치세력으로서 인민의 형성 과정을 다음과 같이 설명한다. 어느 산업도시의 변두리로 이주해온 농민 집단이 있다. 이 지역에 인구가 증가하면서 주거 문제가 발생하자 이들은 당국에 대책을 요구한다. 여기서 정부나 제도가 이 문제를 해결해주지 못할 때, 이들은 주변의 다른 집단 역시 비슷한 요구(주택·교육·의료 등)를 갖고 있음을 발견하게 된다. 상황이 개선되지 않은 채 오랜 시간이 지나게 되면 제각기 관철되지 못한 요구들이 축적되면서, 그것들 사이에 등가적 관계가 형성된다. 다시 말해 연대감이 생기는 것이다. 이렇게 발생한 연대감은 '우리'를 형성하고, 우리가 맞서는 상대인 '그들'을 만들어낸다.[4]

'우리'와 '그들'의 구분선은 정치의 출발점이다. '정치적인 것'이란 '우리'와 '그들' 간의 항시적 투쟁을 가리킨다. '정치적인 것'과 구별되는 '정치'는 평등한 인격체들이 합리적인 토론과 합의를 통해 정의에 도달할 수 있다는 믿음에 근거한다. 하지만 샹탈 무페에 따르면 "현대 민주주의에서 정의의 문제는 반드시 영속적이고 미해결된 물음으로 남아 있을 수밖에 없다."[5] 합리적 합의와 질서에 환원되지 않는 불화는 언제나 존재하지만 '정치'에 의해 은폐되거나 억압된다. 하지만 대중의 불만이 커질수록 정치가 두른 환상의 장막도 걷히게 된다. 마침내 그때까지 숨죽이고 있던 항시적 갈등과 투쟁들이 한꺼번에 분출되고, 사회는 혼돈의 도가니로 빠져든다.

사회가 혼란스럽고 불안이 팽배할 때 '우리'와 '그들'의 분리는 높은 확률로 그들, 즉 타자에 대한 혐오에 근거를 두게 된다. 여기서 혐오는 단순히 무언가를 싫어한다는 것에 그치지 않으며, 다층적 개념으로 이해되어야 한다. 스피노자의 윤리학에서 정리된 정서의 기원과 본성에 관한 논의를 참고할 수 있다. 스피노자는 다양한 종류의 정서를 긍정적 계열과 부정적 계열로 나눈다. 쉽게 말하자면 긍정적 정서는 몸에 좋다. 당연히 부정적 정서는 몸에 나쁘다. 그런데 정작 스피노자는 혐오와 엇비슷한 정서인 경멸을 긍정적 계열로 분류한다. 그에 따르면 경멸은 "인간이 다른 사물에 관하여 정당한 것 이하로 느끼는 데서 생기는 기쁨"[6]이다. 반면 경멸의 부정적 대당對當이라 할 수 있는 우울은 "정신과 신체에 동시에 관계되는 (…) 슬픔의 정서"[7]로 요약된다. 환경으로부터 어떤 자극을 받을 때 사람은 코나투스Conatus(자기 존재를 유지하려는 신체 역량의 지표)가 증가하거나 감소하고, 감소세가 지속되면 우울감이 발생한다. 종합하자면 경멸은 우울의 발생에 맞서 그릇되지만 손쉬운 방향으로 저항하는 방어기제라고 할 수 있다. 그렇다면 혐오 정서는 그 사전적 정의를 넘어 만성적인 불안이 야기하는 우울과, 그 우울에 대한 반응인 경멸까지를 망라하는 것으로 봐야 한다. 따라서 오늘날 '혐오의 시대'라는 말은 단순히 혐오적 언동이 사회문제가 되는 현상만을 가리키는 것이 아니다. 요동치는 환경 속에서 정치에 대한 신뢰가 깨지고 있다. 정치 불신은 항시적 불안과 혼란을 초래한다. '혐오의 시대'는 이에 대한 반응이다. 다시 말해 불안과 혼란에 대응해 모종의 소속감과 안정감을 얻고자 '우리'와 '그들' 사이에 적대 전선이 공공연하게 구축되고 있음을 의미한다.

라클라우의 인민 형성 모델로 돌아가자. 충족되지 않은 요구들의 마주침과 등가적 관계의 형성에 대해서 간단하게 기술했지만, 그 과정은 그리 순탄치 않다. 공통된 요구를 통한 연대감 형성에 앞서 이질적 요구들 사이의 반목이 반드시 존재한다. 특정 요구가 충족되어 혜택받는 사람이 있으면 그로 인해 피해를 입는 사람도 있기 때문이다. 따라서 서로 다른 요구들끼리의 충돌을 최대한 나중으로 미룰 수 있는, 최대 다수가 동의하는 하나의 요구를 전면에 내세워야 한다. 그렇게 단일한 요구로 묶인 '우리'가 탄생한다. 만들어진 '우리' 안에서는 당장 급하며 모두가 동의하는 것, 미뤄도 되거나 몇몇 사람만 동의하는 것 등으로 '요구의 위계'가 발생한다. 이렇게 일시적으로 '우리'가 응집하는 것을 헤게모니적 접합articulate이라고 하며, 그 중심이 되는 요구를 헤게모니적 기표라고 한다.

그들을 도려내
우리를 만들기

'우리'가 아니라 '그들'을 먼저 만들어내고, '그들'에 맞서는 '우리'를 결집하는 방식도 있다. '우리'를 먼저 만드는 것보다 이 방식이 훨씬 쉽다는 것을 강조하고 싶다. 더군다나 '혐오의 시대'와 맞물려 돌아가는 주목 경쟁에서는 특정 집단을 향한 혐오의 기표가 유난히 힘을 발휘한다. 이 기표가 유머러스한 밈으로 둔갑하거나, 유머러스한 밈이 어느새 혐오의 기표로 쓰이는 식으로 공동체에서 배제되어 마땅한 '그들'을 만들어내는 것이다. 이런 혼란과 불안이 장기화할수록 긍정적인 연대감을 담은 기표는 헤게모니를 얻기가 굉장히 어려워진다. 정치를 신뢰하지 않는 사회에서는 저마다 상이한 요구들 간의 중재와 한정된 재화의 분배에 대한 진지한 논의가 쉽게 기각되기 때문이다. 그렇게 빈 공론장에서는 'OO 때문에 나라가 망한다'라는 식의 단순한 선동이 훨씬 강한 설득력을 발휘하게 된다.

적시적지에 배치된 밈이 열 마디 주장을 압도한다는 것은 이런 상황을 두고 하는 말이다. 밈은 단번에 수많은 대중을 동원하는 헤게모니적 기표로 기능할 수 있다. 한국의 인터넷 커뮤니티에서도 흔히 만날 수 있는 '개구리 페페Pepe the frog' 그림이 있다. 개구리 페페는 2005년 미국의 만화가 맷 퓨리Matt Furie가 창조한 캐릭터로, 다른 동물 친구들과 함께 대마초를 피우며 여유롭게 살아가는 무해한 존재였다. 그러던 어느 날 미국 네티즌들이 페페가 활짝 웃으며 '기분이 좋단 말이지Feels good, man'라고 말하는 컷을 따로 잘라내어 감정을 표현하는 이미지로 쓰기 시작하면서 대중적으로 알려지게 된다. 페페 캐릭터의 유행은 다양한 변주를 낳았다. 페페의 웃는 얼굴이 분노하는 얼굴, 시무룩한 얼굴, 으스대는 얼굴 등으로 편집되어 희노애락을 표현하는 대명사로 사용된 것이다. 이때까지 페페의 용례는 밈보다는 게시물 내용을 보조하는 짤방의 역할에 가까웠다.

개구리 페페가 그 자체로 상징이 되고 메시지가 된 것은 오리건주 교내 총기난사 사건(2015) 이후부터다. 경찰과 대치 끝에 자살한 가

다양한 표정으로 네티즌의 희노애락을 대변하던 개구리 페페(위). 2015년 총기난사 사건에 휘말린 페페는 이후 테러리스트에서 도널드 트럼프에 이르기까지 온갖 악의 기표로 변주되며 곤욕을 치르게 된다(아래). 자기가 만든 캐릭터가 갈등과 혐오의 존재로 소비되는 걸 보다 못한 창작자 맷 퓨리는 2017년, 페페의 최후를 그린 작품을 발표함으로써 이 사연 많은 개구리에게 사망선고를 내렸다.

해자는 바로 전날 미국판 일베 사이트로 불리는 포챈4chan에 범행을 예고하는 글을 올렸다. 그런데 그 게시물에 개구리 페페가 권총을 들고 있는 그림이 함께 등장한 것이다.

그렇잖아도 비관과 냉소로 가득하며 위악적 농담을 주고받아온 포챈 이용자들은 시무룩하고 슬픈 표정의 (그리고 절대 잘생기지 않은) 개구리 페페와 자신들의 처지를 동일시해왔다. 그런 페페가 총기난사 사건과 엮이며 대중에게 테러와 혐오의 상징으로 와전되는 걸 목격한 포챈 이용자들은 오히려 폭주하기 시작한다. 페페 그림에 나치 문양을 합성하는 등 더욱 악랄한 방식으로 패러디하며 자신들만의 하위문화로 삼은 것이다. 그렇게 개구리 페페는 결집의 매개체가 되었다. 마침 포챈 이용자 대다수는 도널드 트럼프를 지지했다. 그들은 페페와 트럼프를 합성한 밈을 대량으로 유포함으로써 당시 정치인으로서 경력과 세력이 전무했던 트럼프를 네티즌에게 친근한 이미지로 탈바꿈시켰다. 개구리 페페는 트럼프를 지지하는 청년 우파의 기호로, 그의 대선가도와 지지세 확산에 효과적으로 활용되었다.

밈의 문화정치

개구리 페페 밈은 '우리'를 결집시키는 기표였다. 그렇게 만들어진 '우리'가 맞서는 상대는 엘리트 세력, 기득권 집단이었다. 같은 맥락에서 '그들'을 효과적으로 만들어낸 또 다른 밈이 미국 대선 국면에서 상당한 영향력을 과시한 바 있으며, 지금까지도 상당한 힘을 발휘하고 있다. '커크서버티브Cuckservative'라는 신조어가 그것이다. 이 말은 바람난 아내를 둔 남편이라는 뜻의 'Cuckold'와 'Conservative'(보수주의)를 합성한 것이다. 커크서버티브는 2016년 공화당 대통령후보 경선 당시 트럼프의 과격한 메시지에 우려를 표하며 그와 거리를 두었던 공화당 주류와 비非트럼프 성향 공화당 지지자에 대한 멸칭이다. 당시 온건보수주의자들이 난민 정책 등에서 온정주의적 태도를 보이는 동안 난민이 그들의 아내를 빼앗고 다닐 것이라는 의미이기 때문이다.

고작 열세 개의 알파벳으로 이뤄진 단어에 담긴 모욕과 혐오의 메시지는 빠른 속도로 인터넷 정치 공론장을 오염시켜나갔다. '충분히 극우적이지 않은' 공화당 인사들을 공격하며 젊은 네티즌의 급진적 우경화에 크게 기여한 것이다. 이후 'Cuckservative' 또는 'Cuckold'의 줄임말인 'Cuck'은 좌우를 막론하고 정치적 올바름을 주장하는 사람을 비꼬는 멸칭이 되었다. 웹상에서 정치적 올바름 의제는 이 단어 하나로 간단히 기각된다. 자유주의 의제와 결부된 논의들을 차단하고 리버럴 세력을 조롱하며 그 반대 세력을 결집하는 기표로 기능하는 것이다. 이렇듯 커크서버티브는 단순한 유행어가 아니라 정치적 밈이다.

뉴질랜드의 20대 국회의원 클로이 스와브릭Chlöe Swarbrick은 2019년 의회에서 기후위기 법안을 찬성하는 연설 중에 한 원로 의원이 야유를 보내자 곧장 “OK, Boomer!”로 되받았다. 그는 인터뷰에서 이 말이 “기후·에너지 위기를 경고하는 외침들의 집결”이었다며 변호했다. 그러나 ‘부머’와 ‘밀레니얼’로 갈라져 난장판이 된 그의 페이스북을 보면, 이 역대급 정치 밈이 기후위기에 대한 진지한 논의에 도움이 되지는 못한 걸로 보인다.(©The Guardian)

더 최근의 사례를 살펴보자. 커크서버티브로 표상되는, 자유주의 성향의 주류 엘리트 세력을 향한 적대가 ‘세대 전쟁’으로까지 비화되었음을 드러내는 또 하나의 밈이 있다. 2019년 하반기부터 지금까지 미국 정가를 뒤흔들고 있는 ‘부머Boomer’라는 밈이다. ‘베이비부머’(1946-1964년에 출생한 2차 세계대전 전후 세대)의 약칭이었던 ‘부머’는 이제 증오와 원한이 서린 욕설로 쓰이고 있다. 이 밈의 기원은 ‘OK, boomer'라는 말의 대유행이다. 한국에서 쓰이는 표현에 견주면 '네, 다음 꼰대'(네다꼰) 정도가 될 것이다. 다만 '네다꼰'의 용례가 일상 문화의 맥락에 한정된다면, 'OK, boomer'는 처음부터 지극히 정치적인 언표였다는 점에서 차이가 있다. 이 말이 처음 인터넷에 오르내리게 된 것은 2019년 미국 민주당 대통령후보 경선 국면이었다. 당시 민주당 경선은 조 바이든(중도보수)과 버니 샌더스(진보)의 양강 구도였다.

그런데 두 후보의 지지 세력은 세대, 특히 50대를 기준으로 완전히 갈라졌다. 젊은층은 의료보험, 대학 등록금, 주거, 월스트리트 문제 등에서 '변혁'을 요구한 반면 윗세대 유권자들이 바란 것은 정상화, 즉 트럼프 집권기 이전으로의 '회복'이었다. 두 진영은 끝끝내 접점을 만들지 못했다. 좁혀지지 않는 논쟁에 지친 젊은층은 윗세대의 생각이 바뀌지 않으리라는 결론을 내렸다. 그러고는 윗세대가 개진하는 의견에 'OK, boomer'라는 댓글을 달기 시작했다. '현실을 모르는 꼰대의 헛소리'로 무시하고 넘겨버리는 길을 택한 것이다. 상대에게는 손쉽게 모멸감을 안기면서 그 말을 쓰는 사람들에게는 강한 연대감을 부여하는 '부머'라는 밈의 대유행은 미국의 전례 없는 세대 갈등을 웅변하고 있다.

대중문화 텍스트 역시 정치적 밈으로 전용轉用되고 있다. 이에 관해서는 한 가지 예만 들어도 충분할 것 같다. 영화 〈기생충〉(2019)이 세계적으로 흥행하면서 파생된 밈에 대한 이야기다. 한국에 주로 알려진 〈기생충〉의 밈은 아마도 '제시카송'일 것이다. 기정(박소담)이 '제시카'라는 가상 인물의 약력을 외우기 위해 〈독도는 우리 땅〉을 개사해 노래한 장면이 서구에서 다양하게 패러디된 것이다.

한편 한국에는 알려지지 않았지만, 해외 네티즌들이 더욱 적극적으로, 정치적으로 〈기생충〉 밈을 활용하는 사례가 한 가지 더 있다. 엄청난 폭우로 기택(송강호)의 집이 침수된 다음 날, 연교(조여정)는 기택이 운전하는 자동차 뒷좌석에 앉아서 친구와 통화를 나눈다. '비가 내리니까 공기가 맑아져서 너무 좋다'는 내용이다. 통화 내용을 들으며 운전하는 기택의 표정은 분노로 일그러진다. 이 장면은 상류층의 버블에만 머무르며 보통 사람들의 삶을 전혀 모른 채 낙관으로 소일하는 부르주아·엘리트 집단을 풍자한다. 네티즌들은 이 장면을 일종의 템플릿template(양식, 틀)으로 삼아 리버럴 세력의 '해맑지만 공허한 발언'을 풍자한다. 예컨대 이런 것이다. 2020년 2월 코로나19 바이러스 유행으로 미국에서도 외출을 금하는 봉쇄 조치가 내려졌다. 이때 〈원더우먼〉의 주연배우 갤 가돗Gal Gadot을 시작으로 유명 연예인들이 각자의 집에서 존 레논의 〈이매진Imagine〉을 부르는 영상을 릴레이식으로 올렸다. 그런데 익히 알려졌듯 〈이매진〉은 국가와 사유재산이 없는 세상을 상상해보라는 식의 노랫말이 담긴 곡이다. 봉쇄 조치에 따른 불황에 맨몸으로 내몰린 보통 사람들로서는 이 캠

코로나19 봉쇄 국면에서 번진 할리우드 스타들의 〈이매진〉 이어 부르기 캠페인과 이를 냉소하는 〈기생충〉 밈의 유행은 부르주아-엘리트 리버럴 계층의 동떨어진 현실감각과 위선을 적나라하게 드러낸 사건이다.

페인에 위로받기는커녕 짜증만 치밀 뿐이었다. 네티즌들은 곧장 〈기생충〉 밈을 만들어 짜증을 해학적으로 담아냈다. 휴대전화를 든 연교의 얼굴 아래 'Imagine을 부르는 연예인들'이라는 캡션을 달고, 기택의 일그러진 표정 위에는 '우리들'이라고 쓴 것이다. 사람들은 이 밈을 보고, 그간 리버럴을 표방해온 부르주아·엘리트 집단에 대한 막연한 적대감이 무엇인지 단번에 이해하고 공감했다. 수많은 사람들이 일자리를 잃고 폐업하는 마당에 뜬구름 잡는 소리나 해대는 '저들'에게는 열 마디 비난보다 한 줄의 밈이 훨씬 강력한 무기인 동시에 '우리'를 더 효율적으로 결집시키는 매개인 것이다.

사유의 밈화
문제의 의인화

이렇듯 밈은 손쉬운 시사 비평을 위한 템플릿으로 곧잘 활용된다. 몇 초간 밈의 캡션을 읽는 것만으로 당대 쟁점을 직관적으로 이해할 수 있기 때문이다. 이제 복잡하고 긴 글을 독해할 필요가 없다. 밈 하나면 해당 이슈에서 어떤 입장을 취할지 판단이 선다. 시청자가 구독하고 지지하는 사람이 올리는 밈이라면 더 고민할 것도 없다. 그 밈에 자신의 입장을 동기화하면 되는 것이다. 즉 사유의 외주화가 '사유의 밈화'로도 이어지고 있다고 하겠다.

사유의 밈화에 대해서도 복잡다단한 정치·사회·경제 문제들을 지나치게 축약시킨다는 비판을 할 수 있겠다. 그러나 무엇보다 우려되는 것은 '구조적 문제의 의인화'다. 더욱이 정치 신뢰가 회복되지 않고 혐오 정서가 증폭을 거듭하면서 '희생양을 양산하는 밈'이 인터넷에서는 물론 실생활에서도 유행하고 있다.

윗세대를 향한 원한을 표현하는 '부머' 밈이나 엘리트 집단을 조롱하는 〈기생충〉 밈은 차라리 점잖은 축에 든다. '커크서버티브'라는 밈에는 난민·이주민에 대한 뿌리 깊은 혐오가 깃들어 있고, 이들을 어떻게 수용하고 응대할 것인가에 관한 진지한 논쟁을 원천 차단한다. 개구리 페페의 사례에서 보듯 폭력적이며 윤리적 금기를 깨는 온갖 패러디물이 유머를 빙자해 사람들의 감수성을 무디게 만든다. 2020년 대규모 흑인인권 시위 '블랙 라이브스 매터Black Lives Matter'를 촉발한 조지 플로이드George Floyd의 죽음이 밈으로 만들어져 농담으로 소비되는 게 대표적이다.

그렇다고 이런 혐오 콘텐츠에 대한 검열을 시도하면 어떻게 될까? 지금으로선 불에 기름을 끼얹는 꼴이 될 공산이 크다. 싱가포르 내에서만 알려져 있던 아모스 이는 수갑을 찬 사진이 보도됨으로써 세계적 스타로 등극했다. 마찬가지로 유머나 풍자에 불과한 표현을 국가 또는 미디어 권력이 억압한다는 비판이 터져나올 것이다. 혐오를 멈추기 위한 의제·정책·논의 일체를 표현의 자유에 대한 억압으로 받아들이게 만드는 흐름이 기세를 타고 있다.

5

도발과 음모론과 어그로의 이름으로 / 프로보커터의 탄생

신념이나 대의는 간데없이

포퓰리스트의 화려한 퍼포먼스만

차용한 존재가 있다. 도발과

음모론과 어그로의 이름으로,

대중의 주목과 정치적 영향력을

위해서라면 어떤 막말과 추태도

불사하는 이들, 바로 프로보커터다.

프로보커터는 말 그대로 도발함으로써 생계를 유지하는 사람을 가리킨다. 주목경제 시대의 신종 직업이라고도 할 수 있다. 프로보커터를 한국어로 옮기기는 쉽지 않다. 사전 뜻풀이 그대로 도발하는 사람, 도발자라고 옮기거나 요즘 유행하는 말로 '어그로꾼'이라고 할 수 있겠으나 어느 쪽이든 그들이 행사하는 정치적 영향력을 담기에는 부족하다. 더군다나 '어그로꾼'은 앞서 소개한 '인터넷 트롤'과 구별되지 않는다. 트롤은 웹상에서 도발적인 언행으로 불특정 다수를 발끈하게 만든 뒤 게시판 분위기를 어수선하게 만드는 사람, 혹은 경거망동을 공개 상연함으로써 사회에 혼란을 일으키는 사람을 일컫는다.

트롤링의 동기가 관심을 갈구하는 것이라는 점에서 트롤은 일종의 '관종'이다. 앞서 관종이 관심 갈구 행위를 공격적·폭력적으로 벌일 때 트롤이 된다고 정리한 바 있다. '선 넘는' 행위로 조회수를 올리는 유튜버들의 지칭어 역시 트롤이다. 아모스 이는 논객이 되고 싶은 트롤이었다.

'관종의 시대'에 인터넷 트롤의 출현이 낯선 일은 아니다. 한국에서는 일찌감치 악성 댓글을 다는 '악플러' 문제와 이에 대한 방편으로 인터넷 실명제 논쟁이 진행된 바 있다. 익명성에 기대어 타인을 공격하는 자들은 인터넷 안팎에 늘 존재했다. 트롤이 양산하는 자극적 콘텐츠 문제도 어제오늘 일이 아니다. 이용자와 생산자의 전통적 경계가 허물어진 뒤 속출하는 '선 넘는' 콘텐츠와 그것의 수용에 관해서는 단행본 분량의 논의가 따로 필요하겠으나 이제 와서 새삼스럽게 '탄생' 운운할 일은 아니라고 생각한다. 인터넷 트롤이 주제라면 앞서처럼 '사유의 외주화'나 '밈의 문화정치'에 관한 이야기를 꺼낼 까닭이 없다.

사이버 렉카
조회수만 보고 달리는 노빠꾸 불나방

이른바 '유튜브 수익 모델'이 대세로 등장하고, 학생·직장인·은퇴자 할 것 없이 '나도 유튜브나 할까'라는 말을 내뱉는 시대에 새롭게 탄생한 것들은 따로 있다. 우선 '사이버 렉카'라는 것을 알아보자. 작은 접촉사고라도 벌어지면 굉음과 함께 누구보다 앞서 총알같이 등장하는 게 사설 견인차(렉카)다. 마찬가지로 세간의 이목을 끌 만한 사건이 일어나자마자 이를 방송 아이템으로 써먹으면서 클릭을 유도하는 인터넷 방송(인)을 사이버 렉카라고 한다. 딱히 논쟁거리가 없는 사안이라도 침소봉대해 분란을 일으키는 방송(인)도 사이버 렉카라고 한다. 사이버 렉카는 이슈가 터지면 이를 제목과 썸네일Thumbnail(이미지로 구성된 미리보기)로 내세우고 나름의 방식으로 이슈를 요약 정리한 뒤 진행자의 사견을 덧붙이는 식으로 진행된다. 대다수 사이버 렉카의 콘텐츠는 단지 먼저 보도된 뉴스·기사를 짜깁기해(저작권 때문에 스틸컷인 경우가 대부분이다) 적당한 내레이션이나 자막을 덧입힌 것이 전부다. 이런 영상에서 얻을 수 있는 새로운 정보는 전무하다. 영상을 제작하는 이유는 오직 조회수 장사다. 사람들이 어떤 이슈가 궁금할 때 유튜브에서 검색부터 해보는 경향이 갈수록 강해지고 있기 때문이다.

어떤 '뉴스'도 없이 재인용으로 일관하는 사이버 렉카 영상은 차라리 양호하다. 악질적 사이버 렉카는 아예 허위사실을 유포한다. 얼굴은 가면이나 복면으로 가리고 목소리 변조까지 동원하며, 대단한 취재원이라도 있는 양 익명의 제보랍시고 온갖 황당한 이야기를 내보내는 것이다. 이런 행태는 유명 연예인이 관련된 사건, 특히 성추문에서 두드러지며 대부분의 경우 피해자에 대한 2차 가해로 이어지곤 한다.

2020년에 출소한 악명 높은 범죄자 조두순의 거주지 앞에서 유튜버들 여럿이 촬영을 빙자해 일으킨 소동은 사이버 렉카의 '출동 현장'을 대표할 만하다. 온갖 욕설과 기행으로 '소아성폭행범에게 분노하는 정의로운 나'를 전시하는 자가 있는가 하면, 조두순의 모습을 담기 위해 파파라치처럼 거주지 주변에서 카메라를 돌려대며 주민들에게 소음 공해와 공포를 안긴 이들도 부지기수였다. 당연하게도 이런 행동은 정의감의 발로가 아니다. 이들을 조두순의 일거수일투족을 알리고자 하는 '유사 언론'으로 보는 견해도 있는데 얼토당토않은 소리다. 이들이 바라는 것은 오로지 높은 조회수뿐이다. 돈이 되기 때문이다. 경중과 상관없이 관심이 쏠릴 만한 사건이라면 앞뒤 안 가리고 달려들어 단물을 빨아먹으려 하는 사이버 렉카는 점점 더 기승부릴 것이다.

사이버 렉카는 정치·사회·경제·스포츠·엔터테인먼트 등 분야를 가리지 않는다. 거칠고 자극적일 뿐 새로운 정보가 없는 대부분의 사이버 렉카물은 앞서 살펴봤던 뉴스레터·카드뉴스만큼의 가치도 없다. 그런데 개중에서 정치 이슈를 다루며, 요약정리보다는 정치적 스탠스가 반영된 해설에 주력하는 방송이 있다. 흔히 말하는 '정치 유튜브'다.

뉴스레터 등의 디지털 큐레이션은 교양의 외주화가 낳은 현상이다. 정치 유튜브는 교양의 외주화가 더 퇴행한 것이다. 이들은 사이버 렉카의 특징을 공유한 채 교양의 외주화 및 감정의 외주화의 기능을 겸비한다. 물론 지상파 방송이나 주류 언론에서는 발견하기 힘든 소수의견을 소개하고, 거대 미디어의 어젠다에 반하는 저항적 정치 독해를 보여주는 정치 유튜브도 없지는 않을 것이다. 하지만 이런 것들은 대중에게 주목받기 어렵다. 쉽고 재밌게 풀어주는 영상들이 널려 있는데 그런 영상을 보며 머리 아파할 이유가 없기 때문이다. 물론 어려운 사안을 쉽고 재밌게 풀어주기만 한다면 문제 삼을 까닭이 없다. 그러나 대다수 정치 유튜브는 사안을 단순화하는 것에 그치지 않고 제작자가 가진 정파성을 적극적으로 드러낸다. 나아가 그들의 입장을 유일하게 옳은 시각이자 해법이라고 암시하거나 노골적으로 강요한다.

지식과 교양의 패스트푸드화

점점 더 많은 사람이 정치 유튜브를 통해서만 시사 이슈를 접하고 거기에 가치관을 맞춘다. 여러 차례 언급한 '정치 불신'은, 회복의 기미조차 찾기 힘든 경제 불황 속에서 현실의 곤궁을 타개해주리라 보고 선출한 정치인, 각 분야의 관료와 전문가, 담론을 주도하는 지식인에

권총의 자리를 대신한 '좋아요'. 공론장에서 '좋아요'와 조회수를 위한 주목 경쟁은 이슈의 의미와 맥락을 소거한다. 반지성주의에 기댄 이런 '사건의 왜소화'는 문제의 원인과 결과를 곧잘 뒤바꾸며, 해법을 빙자한 혐오와 선동이 여론을 접수하게 만든다. (〈make it loud-facebook_like〉, ©이강훈)

대한 회의와 불만의 집합이다.

정치인-관료-지식인이 주도하는 복잡하고 전문적인 논의들은 현실과 동떨어진 탁상공론으로 취급된다. 심지어 대중을 소외시키려는 엘리트 카르텔의 의도적 농간으로 의심받기도 한다. 의사들이 알아보기 힘든 필체로 처방전을 쓰는 것에 대해 사람들이 의구심을 갖듯이 말이다. 자연스럽게 복잡한 사안일수록 이리저리 따져가며

신중하게 접근하기보다 고르디우스의 매듭을 단칼에 자른 알렉산더식 해법이 설득력을 갖게 된다. 그리고 그런 해법들의 왕중왕은 문제를 의인화하는 것이다. 이주노동자든 난민이든 성소수자든 문제의 원흉이 바로 어떤 개인이나 집단이라는 진단을 내리면 처방은 간명해진다. 몰아내기만 하면 되는 것이다.

사회학자 피에르 부르디외Pierre Bourdieu는《텔레비전에 대하여》(1998)라는 비평서에서 TV에 출연해 토론하는 사람들을 "신속한 두뇌들fast thinkers"이라고 지칭했다.[8] 이 말을 바꾸어 '교양의 패스트푸드'에 적용해보자. 부르디외의 통찰은 그로부터 20년 뒤 벌어진 교양의 외주화 현상의 핵심을 짚고 있다. 근래 한국에서는 각 분야의 전문가나 지식인이 나와서 그들의 지식·교양을 풀어내고 함께 출연한 연예인 패널이 몇 마디 재담을 보태는 콘텐츠가 인기를 끌고 있다. 〈지적 대화를 위한 넓고 얕은 지식〉류의 팟캐스트, 〈알쓸신잡〉〈차이나는 클라스〉〈어쩌다 어른〉 같은 TV 프로그램이 대표적이다. 이런 흐름을 인문학의 재부흥이라고 부를 이는 없을 것이다. 오늘날 인문·시사 교양은 취업을 위한 스펙의 일부, 또는 사회생활에서 대화의 윤활유 역할에 머무른다. 구직자든 직장인이든 눈코 뜰 새 없는 세상이다. 자연스럽게 먹기 편한, 심지어 꿀꺽 삼키기만 하면 되는 지식의 당의정糖衣錠을 만들어주는 '신속한 두뇌'가, 즉 교양의 패스트푸드가 유행한다.

패스트푸드화된 교양이 나쁘다는 것은 아니다. 쉽고 재미있다는 것은 커다란 장점이다. 문제는 그것만 고집할 때 벌어지는 해악이다. 더욱이 이 분야에서도 주목 경쟁이 격화되면서 패스트푸드만도 못한 불량식품이 등장하고 있다. 2020년에 일어난 '설민석 사태'를 보자. 시대와 지역을 종횡무진하는 설민석의 역사 강의는 그 유명세와 별개로 사실 왜곡과 오류, 재미에 치중한 선정성으로 꾸준히 비판받아왔다. 그럼에도 그가 등장하는 프로그램은 높은 시청률을 구가했고, 이를 무기로 설민석은 한국을 대표하는 '역사 그랜드마스터'로 자리매김한다.

그런데 〈설민석의 벌거벗은 세계사〉의 '고대 이집트' 편을 시청한 고고학 전공자가 제기한 왜곡 시비로 인해 그간의 문제들이 본격적으로 공론화했다. 이는 역사 강사로서 설민석의 자질 논란으로 번졌고, 급기야 학위논문 표절까지 드러나면서 그는 결국 모든 방송에서 물러나게 된다.

이 사태가 설민석 개인 차원의 문제가 아님은 여러 곳에서 지적된 바 있다. 설민석은 '학자'가 아니라 퍼포먼스형 '강사'로서 명성을 쌓았다. 이에 주목한 방송사들도 그를 '변사'로 활용했다. 무성영화 시대에 줄거리와 대사를 화려한 언변으로 대신 전해주던 변사 말이다. 결국 그에게 요구된 자질은 역사학 전공자로서의 엄밀함이 아니라 어떤 내용이든 재미있게 표현하는 연기력performance이었다(마침 그

'역사 그랜드마스터' 설민석의 성공과 몰락은 교양의 패스트푸드화의 순기능과 해악을 모두 보여준다.(© tvN)

가 연극영화학과 출신이다). 설민석은 그 역할을 탁월하게 해냄으로써 '재미있는' 강사들 간의 주목 경쟁에서 승리했다. 얄궂게도 승리로 얻은 명성과 역할이 그의 재능을 넘어섰을 따름이다.

설민석이 다른 강사로 대체된 이후에도 해당 프로그램은 왜곡 문제로 구설에 올랐다. 설민석은 가장 유명한 케이스일 뿐 강사 개인이나 개별 프로그램의 문제가 아니었던 셈이다. 비슷한 일은 계속 반복될 것이다. 콘텐츠 간 주목 경쟁이 자극성과 선정성을 넘어 거짓 정보와 혐오 선동으로까지 치달으면서 교양의 패스트푸드는 말 그대로 불량식품으로 전락하고 있다.

도발과 음모론과 어그로의 이름으로

이제 비전문가 대중은 대신 생각하고 대신 말해줄 누군가를 찾는다. 목청 좋고, 강렬한 퍼포먼스를 선보이며, 어떤 사안에서든 속 시원한 입장 정리에 능할수록 탁월한 대변인으로 추앙받는다. 현학적인 언어로 심사숙고를 거듭하는 전문가·지식인·관료 등 엘리트 집단은 산적한 문제의 해결사가 아니라 원인으로 간주된다. 저잣거리의 언어, 즉 '우리'의 언어로 말하는 탁월한 대변인들이 그들보다 훨씬 더 현실에 바짝 붙어 있고, 주류 매체가 은폐한 사실을 알려주며 가려운 데를 시원하게 긁어주는 이른바 '대안 언론인' '재야 논객'으로 각광받는다.

'시원하게 긁어주고 말해주는' 스피커들의 인기는 답답한 상황을 일거에 해소시켜주는 (혹은 그러한 환상을 제공하는) 이른바 '사이다'에 대한 수요가 급증했음을 의미한다. 여기서 말하는 '사이다' 역시 앞에서 설명한 것과 거의 똑같은 의미 변화를 거쳤다. 이제는 마음에 들지 않는 사람에게 뒷일 재지 않고 모욕과 막말을 퍼붓는 행위에도 '사이다 발언'이라는 수식어가 붙으면서 그러한 난폭 행보를 일삼는 인사들의 목소리에 힘이 실리고 있다.

지금까지 살펴본 조건과 상황을 이용해서 세간의 주목을 받으려

드는 자들이 있다. 그런 주목을 밑천으로 조회수 장사나 후원금 장사를 할 뿐만 아니라 사회적·정치적으로 영향력을 행사하려 드는 사람들에게, 영어권 사회에서는 프로보커터라는 이름을 붙였다. 이들은 정치적 활동이나 시사 논평을 내놓는 데 있어서 해당 이슈와 관련한 일말의 전문성을 보여줄 의무가 없다. 이들에게 필요한 것은 퍼포먼스 능력이다. 프로보커터의 퍼포먼스란 도발이다. 이 책에선 지금부터 '도발'을 트롤링이나 허위사실 유포, 공동체의 금도를 깨는 '선 넘기' 등 사회적으로 문제를 일으켜서 주목을 끌려는 행위 전반을 망라하는 개념으로 쓰기로 한다. 말 그대로 도발 행위가 이들의 생계 수단인 만큼 그것을 얼마나 잘하느냐가 커리어의 성공 여부를 결정한다.

프로보커터가 상연하는 도발 행위에는 크게 세 가지 유형이 있다. 가장 흔하면서 쉽고 효과적인 도발은 사회적으로 이슈가 될 만한 인물을 타깃으로, 그의 기분이 최대한 나빠지도록 모욕적 언사를 던지는 데 주력하는 것이다. 한마디로 싸움꾼형 프로보커터다. 비유하자면 정치색이 더해진 트롤이라 할 수 있겠다. 이들로서는 상대가 발끈하는 반응을 보일수록 감사한 일이다. 특히 그 타깃에 대한 여론이 정치적·사회적으로 양분되어 있다면 금상첨화다. 한 번의 도발로 그 반대 진영의 열화 같은 지지를 얻을 수 있기 때문이다. 적을 만듦으로써 '우리 편'을 끌어들이는 것이다. 공격 대상과 그 내용은 프로보커터 본인의 정치적 신념과는 무관하다. 짐작컨대, 처음부터 정치적 반대자를 공격하기보다는 여론의 형세를 살피다가 그에 영합하는 손쉬운 먹잇감을 찾아 적으로 만든 다음, 자신의 대외적 이념이나 정치 스탠스를 결정하는 경우가 더 많을 것이다.

프로보커터가 타깃에게 퍼붓는 모욕이 원색적 욕설에 그쳐서는 대중의 이목을 끌기 어렵다. 그런 유의 도발은 인터넷 기사나 소셜미디어 게시물에 달리는 악플과 다를 것이 없고, 무엇보다 재미가 없다. 다시 말해 프로보커터에게 요구되는 퍼포먼스 능력이란 연예인의 그것과 다르지 않다. 기발하거나 재미있다는 반응을 끌어내야 한다. 따라서 이들이 구사하는 도발은 조롱조의 깐죽대는 어투와 제스처를 취하는 경우가 많다. 처음부터 그와 비슷한 성향의 구독자나 시청자에게만 어필하며, 반대 진영을 설득시키는 것에는 아무런 관심이 없기 때문이다. 프로보커터의 도발 행위를 재미있게 받아들인 사람은 함께 키득거릴 사람을 찾아 이를 본인의 소셜미디어에 공유한다. 그렇게 도발에 공감하는 사람들끼리 형성되는 유대감은 덤이다.

일종의 '바이럴 마케팅'이 이루어지면서 도발자의 이름이 알려진다. 이 과정이 몇 차례 반복되면 그는 이른바 '네임드', 즉 해당 커뮤니티 안에서 유명인사가 된다. 이제 커뮤니티 이용자들은 그 '네임드'의 행보와 발언 하나하나에 주목하게 된다. 프로보커터는 이런 식으로 지지 세력을 확장한다. 이들은 ('우리' 편 입장에서) 유머러스한 도발을 위해 밈을 활용하기도 한다. 밈과 함께 이뤄지는 도발은 그 직관성과 공감력을 무기로 짧은 시간 안에 광범위하게 퍼질 수 있다. 잘 만든 밈 하나의 잠재력은 누구도 예측할 수 없다. 도발적인 밈을 잘 만드는 사람은 단순한 네임드를 넘어 위키피디아 같은 사이트에 '밈 메이커'로서 프로필과 약력이 등재되기도 한다.

도발 행위의 또 다른 유형으로는 음모론을 무기로 한 선동이 있다. 음모론은 다시 전통적(?) 음모론과 '도발을 위한 도발'로써의 음모론으로 나뉜다. 전통적 음모론자는 최대 다수를 설득하기 위해 여기저기서 찾아낸 사료와 통계와 데이터를 짜 맞춘다. 이를 밑그림으로 그럴싸한 정황을 완성한 뒤 나름의 수사와 논리로 포장해 선동한다. 때마침 화제가 되는 이슈나 이벤트가 있을 땐 닥치는 대로 가져다가 주장하는 바의 '근거'로 욱여넣는다는 점에서 사이버 렉카의 성격도 띤다. 이런 유형의 프로보커터에게서는 나름대로의 장인 정신과 헌신마저 엿보인다. 제대로 된 음모론은 음모론처럼 들리지 않아야 하기 때문이다.

반면 도발만을 위한 음모론에는 전통적 음모론에서 엿보이는 정교함을 발견할 수 없으며, 정교할 필요도 없다. 싸움꾼형 프로보커터와 마찬가지로 타깃에 대한 '터무니없되 센세이셔널 한 주장'을 큰 목소리와 과장된 제스처로, 위험을 무릅쓰고 밝히려는 듯한 비장미를 연출하며 던진다면 그것 자체로 성공적인 도발이 된다. 고도로 정교한 음모론을 만들어내지 못할 바에는 차라리 이편이 낫다. 터무니없는 음모론은 얼핏 실패한 음모론이지만, 그 논리나 근거가 너무나 형편없어서 실소가 터져 나올 정도가 되면 '우스꽝스러운 실패'가 되기 때문이다. 테이스티훈처럼 누구나 파안대소할 수준의 실패라면 웰메이드 콘텐츠 부럽지 않은 광범한 공유와 주목을 받을 수 있다.

마지막으로 싸움꾼과 음모론자 각각의 가장 악질적 요소, 그리고 가장 나쁜 의미의 관종이 결합한 '삼위일체' 유형이 있다. 이 범주의 프로보커터가 주목받는 방법은 그야말로 최대치의 극악무도한 '개소리'를 최대한 많은 사람 앞에서 배설하는 것이다. 싸움꾼처럼 특정인을 겨냥할 필요도 없고, '나만 아는' 어떤 흑막의 진실을 알려주는 양 포장하고 연기할 필요도 없다. 오로지 선을 넘나드는 마구잡이식 막말과 망언의 향연을 펼칠 뿐이다. 그렇게 해서 구설에 오르기만 하면 소기의 목적은 달성하는 것이다. 이런 유의 배설은 분노를 유발하면서도, 한편으로는 그 터무니없음에 웃음이 터지기도 한다. 경멸과 분노의 대상과 비웃음거리를 오가는 이런 유형의 프로보커터는 '우스꽝스러운 음모론'과 비슷하게 주류 매체에서 진지하게 소개되는 경우가 드물다. 그렇더라도 이들의 '개소리'는 유튜브나 소셜미디어, 서브컬처 공간에서 알음알음 공유되면서 입맛에 맞는 '에코 체임버'의 연료로 쓰일 수 있다.

초연결성의 시대와
사회적 승인 없는 사회

초연결성hyperconnectivity의 시대라고 한다. 커뮤니케이션 수단의 비약적 발전으로 온갖 다양한 인간들의 상호 연결이 가능해졌다는 의미다. 기술·문화 연구자 클레이 셔키Clay Shirky는 소셜미디어가 만들어낸 새로운 연결과 유대감의 흥미로운 예시를 소개한다. 미트업Meetup이라는 소셜미디어 공간에서 벌어진 일이다. 미트업 서비스 출범 후 몇 년간 이용자들의 상호작용이 가장 활발했던 몇몇 그룹이 있었다. 마녀 숭배자들, 이교도들, 무신론자들, 여호와의 증인, 〈여전사 지나〉 팬모임 등이 그것이다. 〈여전사 지나Xena Warrior Princess〉는 루시 롤리스Lucy Lawless 주연의 TV 시리즈로 큰 흥행은 못했지만 컬트적인 인기로 명성이 높았다. 소규모 팬덤 모임의 상호작용이 그 어떤 시리즈의 팬들보다 활발했던 이유에 대해 셔키는 이렇게 말한다. "〈여전사 지나〉보다 〈내 사랑 레이몬드〉 시청자가 훨씬 많았지만, 실제로 더 많은 공통점을 갖고 있을 것이라 예상할 수 있는 쪽은 지나 팬들이었다."[9]

〈여전사 지나〉 팬 포럼과 무신론자 모임을 제외한 나머지 그룹은 개인의 취향이나 주장을 바깥에 드러낼 경우 사회적으로 좋은 시선을 받기 힘든 사람들이다. 바로 그렇기 때문에 미트업에서 더욱 강한 유대를 맺고 상호작용할 수 있었다. 이렇듯 과거에는 본인의 신념을 피력할 방법이나 동료들과 함께할 공간이 거의 없었지만 초연결성의 시대에는 이들이 마주치는 게 얼마든지 가능하다. 셔키의 표현을 빌리자면 '사회적 승인 없는 사회'들이 만들어지는 것이다.

이상하고 웃기고 황당함을 넘어서 미치광이 같은 발언과 행동을 하는 사람들이 있다. 뒷감당에 대한 망설임 없이 타인을 향해 혐오가 서린 막말을 퍼붓는 사람들이 있다. '초연결성의 시대'와 '사회적 승인 없는 사회' 이야기를 꺼낸 것은 오늘날 이런 유의 사람들이 슈퍼스타급 팬덤을 확보하고 정치적 영향력까지 행사하게 된 배경을 논하기 위해서다. 전체 인구 가운데 '이상한 사람들'의 비중이 갑자기 급증했다고 볼 수는 없을 것이다. 그보다는 세상 구석구석에 흩어져 있던 이들끼리의 연결 가능성에 주목해야 한다. 과거에는 사회 분위기나 통념상 드러낼 수 없는 견해나 불만을 남들과 공유하는 게 어려웠다. 반면 오늘날 유튜브와 같은 거대한 소셜미디어 플랫폼은 이용자별 성향에 따른 추천 알고리즘의 연쇄를 통해 비슷한 생각을 가진 이들을 금세 찾아내고 연결 짓는다.

'우스꽝스럽게 실패'한 음모론 영상이나 게시물을 100명이 공유했다고 치자. 십중팔구는 이를 단지 웃음거리로 여겨 공유했을 것이다. 그러나 개중 한두 명 정도는 그에 공감하며 진지하게 공유하는 사람이 있을 것이다. 100명 중 한둘이 아니라 1000명 가운데 한두 명이라도 상관없다. 여기저기 흩어진 극소수의 사람들이 그 영상이나 게시물을 매개로 연결되는 것이다. 과거였다면 만나지 못했을 생각의 동지들이다. 그뿐만 아니라 애초에는 조롱의 목적으로 공유된 콘텐츠를 접한 사람들 중에서도 그 메시지에 찬동하면서 구독과 좋아요를 누르고 재공유하는 극소수가 존재할 것이다. 이런 식으로 각지에 '사회적 승인 없는 사회'의 세력화가 발생한다.

아모스 이가 난데없이 소아성애를 옹호하고 나선 것은, 그가 실제로 그런 위험한 신념을 가졌는지 여부와 무관하게, 사그라드는 주목을 회복하고 싶었기 때문이다. 동시에 한줌의 추종세력을 확보하고자 했을 것이다. 논객으로서의 자질과 지적 밑천이 없었던 그에게 남은 승부수는 자극적이고 선정적인 의제와 언행뿐이었다. 물론 싱가포르 시절과 달리 우군의 지원사격을 받지 못한 아모스 이에 대한 관심은 빠르게 식었다.

아모스 이의 승부수는 실패했다. 사회적 권위에 대한 저항을 넘어, 아예 윤리적 금도를 깨버린 탓이다. 그러나 그의 전략은 여전히 유효하다. 제정신인 다수에게 외면당하더라도 극소수의 지지자를 확보할 수 있다면 조회수 장사가 가능하기 때문이다. 이렇게 저열한 방식 끝에 긁어모은 1000명의 비윤리적 지지자들을 등에 업은 목소리의 가치와, 1000명의 윤리적 지지자들이 따르는 사람의 목소리의 가치는 똑같다. 주목경제 시대에는 조회수가 발언의 권위와 영향력을 결정하기 때문이다.

요동치는 환경 안에서 우울감이 만연해지는 가운데 그에 대한 방어기제가 작동한다. 상대적 우월감을 확보하고자 타자를 주변화하고 '우리'와 '그들'을 분리한다. 이 과정에서 다종다양한 혐오 선동이 공감과 동의를 얻으며 주목받는다. 제반 분야의 전문가·지식인·관료 등 사회의 엘리트 집단은 오늘의 현실적 문제들을 해결할 주체가 아니라 그 원인으로 간주된다. 따라서 이들에 저항하는 비전문가 대중의 대안적 담론이 인터넷 공간을 기반으로 성장한다.

그 성장이 반지성주의 흐름에 기대어 있다는 게 특히 우려스럽다. 정치에 대한 신뢰가 깨진 사회에서는 명쾌한 입장, 또렷한 전선, 절대 악을 상정한 선동과 도발이 호소력을 얻는다. 그곳에서 '그들'에 대항하는 '우리'를 결집하고, 결집된 '우리'에게 현란한 화술과 역동적 몸짓으로 영향력을 행사하는 이들을 '포퓰리스트'라고 일컫는다. 한편 주목경제 시대에는 신념이나 대의는 간데없이 포퓰리스트의 화려한 퍼포먼스만 차용한 존재가 등장한다. 도발과 음모론과 어그로의 이름으로, 대중의 주목과 정치적 영향력을 위해서라면 어떤 막말과 추태도 불사하는 이들, 바로 프로보커터다.

6

진중권 / 프로보커터들의 프로보커터

① '싸가지 없는' 발언으로 상대를 도발한다.
② 이에 격동한 상대를 '적'으로 만든다.
③ 적의 적은 나의 친구, 자연스럽게 '우리 편' 추종자를 확보한다. 이것이 그의 전략의 핵심이다. 요컨대 그를 한국에서 가장 유명한 논객으로 만든 것은 지식인으로서의 어젠다가 아니라 퍼포먼스 능력이다.

재치 있고 시원시원한 도발적 언행으로 '네임드'가 되고, 그렇게 확보한 구독자 수에 힘입어 논객 행세를 하고 비평가연한다. 그의 발언, 코멘터리에는 풍자를 빙자한 막말과 혐오 선동이 깃들어 있다. 그렇잖아도 갈라진 여론을 양극으로 밀어낸다. 그가 도발하는 대상의 적대자들이 하나둘 모여든다. 이 지지 세력을 등에 업고 공론장에서 발언권을 행사한다. 언론사 입장에서 세간의 주목을 받는 그의 발언은 그 자체로 훌륭한 기삿감이다. 그의 도발과 주파수가 맞는 정파성을 가진 유력 매체라면 그를 더욱더 적극적으로 인용한다. 유명인의 수위 높은 발언이 타이틀로 붙여진 기사를 그냥 지나칠 사람은 드물고, 그런 발언을 줄기차게 노출함으로써 일정하게 여론을 비트는 것도 가능하기 때문이다. 유력 매체가 인준한 그의 스피커는 볼륨을 키운다. 미디어는 커진 볼륨에 다시금 권위를 부여하며 그를 1면에,

헤드라인에, 커버스토리에 띄운다. 상호 증폭의 공생관계가 만들어진다.

하지만 이렇다 할 발전이나 변화 없이 같은 레퍼토리가 반복되면 대중은 지겨워한다. 애타는 주목 경쟁이 지적인 비평가라는 이미지의 장막을 걷어낸다. 막말과 도발을 생계 수단으로 삼는 프로보커터의 민낯이 드러나기 시작한다. 이 경우 그가 선택할 수 있는 최선의 길은 휴지기를 가지면서 새로운 의제를 고민하고 메시지를 다듬는 것이다. 하지만 기회비용이 만만찮다. 공론장 무대에서 내려간 사이 공들여 쌓은 주목 자본이 사라질까 두렵다. 무엇보다 그는 정치나 시사교양에 관련한 전문성이나 혜안으로 주목받은 게 아니다. 그도 이 점을 잘 안다.

따라서 관심을 회복·유지하기 위해 동원할 수 있는 것은 더 강력한 퍼포먼스다. 결국 남은 길은 도발의 범위와 표현의 수위를 끌어올리는 것이다. 공격 대상의 사소한 구설수를 침소봉대하고, 분야를 막론한 모든 이슈에 한두 마디를 보탠다. 그가 설정한 '적'을 모든 사회문제의 원인으로 몰아가는 논설을 꾸준히 내뱉는다. 이런 일이 반복되는 동안 그가 일찍이 설파했던 (혹은 하는 척이라도 했던) 신념과 가치를 배반하는 모습이 연출되는 것은 다반사다. 물론 그는 개의치 않는다. '나만 아는 게 있다'는 선지자적 태도로 자신에게 찬동하지 않는 이들을 바보 취급할 뿐이다. 입증이 어려운 주장이 담긴 음모론까지 내놓는다. 갈구하던 관심이 그를 구석으로 몰아넣기 시작한다.

유승옥 저널리즘
진중권 저널리즘

위의 글에서 유력 언론 매체를 대안 우파 성향 리버테리언 활동가로 바꾸면 인터넷 트롤 아모스 이의 일대기가 된다. 하지만 이 글은 진중권 전 동양대 교수(이하 진중권)의 지난 행보와 여정을 요약한 것이다. 적어도 최근 2년 동안의 진중권은 프로보커터의 전형적 면모를 보이고 있다.

'유승옥 저널리즘'이라는 것이 있다. 2015년경 모델 겸 배우 유승옥은 가장 잘나가는 연예인 가운데 하나였다. 그리고 당시 몇몇 인터넷 언론사들은 이러한 트렌드를 괴이한 방식으로 활용했다. 우주 탐사선 뉴호라이즌스호가 멀리 명왕성 근처까지 날아갔다는 기사에 〈명왕성 접근 성공, 모델 유승옥, "너무 신기해요"〉[10]라는 제목을 붙인 것이다. 정작 기사에는 말미에 뜬금없이 "모델 겸 배우 유승옥은 이 소식을 듣고 놀라움을 감추지 못했다"라며 그의 사진을 삽입한 게 전부였다. 이런 식으로 당시에는 우주 탐사든 태풍 상륙이든 대학 입시 소식이든 그와 아무 관련이 없는 유승옥의 코멘트를 인용한 기사가 한둘이 아니었다. 높은 검색 순위와 더 많은 클릭을 유도하기 위해 가장 화제가 되는 인물의 이름을 억지로 끼워넣는, 전형적인 어뷰징 기사 수법 중 하나다. 이는 본인에게도 전혀 이로울 것이 없었기에, 유승옥 또한 이런 경향에 난감하다는 반응을 보인 바 있다.

5년 뒤 한국 언론 시장에서 유승옥의 역할을 진중권이 하고 있다. 하지만 진중권 입장에서는 난감하기는커녕 반갑고 환영할 일이다. 대북 문제, 부동산, 내각 인사, 교육 등 분야를 막론하고 정부·여당발 정책이나 이슈에는 늘 진중권의 논평이 한마디씩 인용된다. 2019년 이른바 '조국 사태'를 기점으로, 진중권은 조국 당시 법무부장관 후보자(이하 조국)를 정부·여당의 모든 위선과 비위가 의인화된 존재로 몰아가며 명실상부한 반정부·반민주당 논객으로 거듭나게 된다. 그리고 이런 자리매김에 가장 크게 기여한 것이 유력 언론들의 인용 보도 행태였다. 군소 인터넷 매체가 아무 데서나 진중권을 호명하는 것 역시 엄연한 '유승옥 저널리즘'이지만, 그간의 보도 행태에 적응해온 독자들에게 이 정도의 생계형 꼼수는 사실 큰 문제는 아니다. 더 심각한 것은 조중동 등 유력 보수언론의 인용 저널리즘이다.

보수 성향 언론들과 진중권은 공생 관계다. 뉴스 빅데이터 분석 서비스 '빅카인즈'에 따르면 2020년 한 해에만 '진중권'이 언급된 기사가 9000건을 넘는다. 심지어 이는 인터넷 언론사 보도를 제외한 수치다. 《조선일보》는 1000건을 넘기고, 그다음인 《중앙일보》는 900건 이상이다. 두 언론사는 하루 세 건꼴로 진중권을 인용하거나 언급하는 셈이다.

진중권이 인용될 때는 늘 '정의당 출신 진보 논객'이라는 타이틀이 따라 붙는다. '진중권마저 비판하는 문재인 정부'라는 여론을 유도하기 위함이다. 진중권 입장에서는 보수언론들의 인용 세례를 마다할 이유가 없다. 자기 이름 석 자를 '진정한 진보' '좌파의 첨병'과 같은 존재로 격상시켜 정부를 비판하는 그의 발언에 힘을 실어주기 때문이다. 한쪽은 영향력을 만끽하고, 다른 한쪽은 이를 이용해 여론을 비튼다. 상호 증폭의 공생관계다.

진중권을 키운 8할은
'퍼포먼스'

진중권이 문재인 정부를 향해 그토록 강한 적의를 드러내는 것이 딱히 놀라운 일은 아니다. 그는 이 정부의 전신인 참여정부 시기에도 정부·여당에 강도 높은 비난을 서슴지 않았기 때문이다. 좌파 성향의 비평가로서, 당시 정권에 가한 비판은 적어도 본인의 신념과 가치관에 근거했다고 평가할 수 있다. 하지만 2019년 하반기 이후 이어진 그의 언행은 그렇게 보기 힘들다.

2020년 21대 총선 직후 오거돈 당시 부산시장의 성추행 폭로가 터져나왔다. 이에 몇 마디 보태던 진중권은 난데없이 "오거돈이 야당 소속이었어도 폭로를 총선 후로 미루었을까"라는 의문을 제기한다. 피해자에 대한 2차 가해 말고는 아무런 효과도 없는 정치적 해석 혹은 음모론을 펼친 것이다. 어느 시민에게는 '돌대가리'라는 폭언을 퍼부어 벌금형을 받는가 하면, 유죄 판결을 두고 논란이 분분했던 한명숙 전 총리 뇌물수수 사건 재조사 의견에 대해서는 "대모님께 효도 좀 해드리려는 모양"이라고 비아냥거렸다. 이런 언사는 논객의 비평 활동이 아니다. 트롤링이요 도발이다. 이후 진중권의 행보는 진보·리버럴 지식인으로서의 마지막 보루마저 내던져버린 모양새다. 미래통합당과 그 뒤를 이은 국민의힘의 초청에 응하며 '보수의 컨설턴트'로 나서는가 싶더니 급기야 보수정당의 스카우팅 대상으로 거론되기까지 한 것이다.

진중권은 갑자기 왜 저렇게 됐을까? 의아해하는 사람들이 적지 않다. 그러나 그는 애초부터 '아웃사이더' 혹은 '단독자'를 자처했다. 정파나 진영 논리와 무관한 '모두 까기'는 그의 전매특허였다. 따라서 진중권이 문재인 정부와 민주당에 맹공을 퍼붓는 것을 보며 '우리 편이 갑자기 왜?'라는 의문을 가질 필요는 없다. 앞서 9년간 이명박·박근혜 정부에 대한 그의 비판적 행보가 '우리 편'이라는 착시를 만든 것뿐이다. 진지하게 탐구해볼 만한 의문은 '진중권은 왜 저렇게까지 악에 받쳤을까?'라는 것이다.

독일에서 유학생활을 하다 귀국한 진중권은 2000년대 초반, '안

박정희의 무덤에 사정 없이 침을 뱉는 진중권. 그는 생전의 박정희가 반대자들에게 남겼다는 "내 무덤에 침을 뱉어라"라는 당부를 가장 충실하게, 도발적으로 실행한 인물이다. 이후 '도발자'는 줄곧 진중권의 페르소나가 되었다.(〈본격정치만화-공화국 대한민국 후반전의 시작이다〉 중 일부, ©굽시니스트)

티조선' 진영의 일원으로 활발한 인터넷 게시판 활동을 벌이며 이름을 알리기 시작한다. 한윤형의 《안티조선 운동사》(2010)에 따르면 진중권에게 논객으로서 유명세를 가져다준 계기는 안티조선 운동을 문화대혁명 당시 홍위병의 활동에 빗댄 소설가 이문열에 반박하는 〈이문열과 '젖소부인'의 관계?〉라는 글이다. 당시 이문열은 안티조선 진영과 김대중 정권이 야합하고 있다는 확실한 증거는 없지만 어찌됐건 둘 사이의 관계를 의심하지 않을 수 없다는 논조의 글을 기고했다. 이에 대해 진중권은 '젖소부인과 이문열이 내연 관계라는 증거는 없지만 앞으로 있을지도 모른다'는 되치기를 선보이며 화제를 모았다. 그는 또 안티조선 운동에 부정적인 논평을 내놓은 인물들의 개인 블로그나 홈페이지를 찾아다니며 논쟁을 벌였고, 《조선일보》 독자마당 게시판에 제목과 내용이 따로 노는 낚시성 게시물을 올리며 일대 소란을 일으키기도 한다. 말하자면 적진에 침입해 게릴라식 도발을 일삼으며 주목을 끈 것이다. 이러한 일련의 활동은 하나같이 논객이 개진하는 논평보다는 패러디나 퍼포먼스에 가까웠다.[11]

결국 진중권은 도발로써, 즉 프로보커터로서 커리어를 시작한 것과 다름없다고 한다면 심각한 비약일까? 물론 앞서 살펴본 아모스이라든가, 뒤에서 소개할 정치 유튜버들, 논객연하는 어그로꾼들과 그를 동일선상에 놓는 것은 지나친 폄훼다. 그가 미학자로서 대중에게 보급한 교양과 진보적 비평가로서 관철하고자 했던 메시지들을 부정할 생각은 없다. 하지만 내용보다 표현에 주목한다면 진중권의 발언들을 관통하는 한 가지 공통점이 보인다. 공교롭게도 그 공통점은 프로보커터의 특징과 일치한다.

그는 자신이 비난하는 대상이 최대한 언짢게끔 최선을 다한다. 참다못한 상대는 마침내 발끈하고, 그것이 미디어를 통해 노출된다. 이를 '사이다'라고 느낀 사람들의 지지와 후원이 이어진다. 이렇듯 ① '싸가지 없는' 발언으로 상대를 도발한다. ②이에 격동한 상대를 '적'으로 만든다. ③적의 적은 나의 친구, 자연스럽게 '우리 편' 추종자를 확보한다. 이것이 그의 전략의 핵심이다. 요컨대 그를 한국에서 가장 유명한 논객으로 만든 것은 지식인으로서의 어젠다가 아니라 퍼포먼스 능력이다.

전향 혹은 변절이라는 착각

안티조선 운동에 누구보다 앞장섰던 진중권은 20년 뒤 《조선일보》 《중앙일보》 등의 유력 보수매체의 '격려'에 힘입어 보수 유권자들의 갈증을 해소해주는 반정부 인사로 떠오르게 된다. 정작 본인은 이에 아무런 문제의식을 느끼지 못하는 것 같지만 말이다(이런 일이 처음은 아니다. 참여정부 시기 진중권은 유시민을 가리켜 '입으로 생리하는 사람'이라며 맹비난한 바 있다. 그로부터 꼭 10년 뒤 진중권은 그 유시민과 팟캐스트 〈노유진의 정치카페〉를 2년간 아무런 해명 없이 함께 진행한 바 있다).

과거엔 상상하기 어려웠을 이러한 공생 관계는 진중권이 설파했던 가치를 스스로 배반하고 있음을 보여준다. 또한 그는 "보수 유튜브에 막장만 있는 것은 아니"라며 "봐줄 만한" 방송으로 〈성제준TV〉와 〈지식의 칼〉, 윤서인의 〈윤튜브〉를 꼽았다. 윤서인의 만행에 대해서는 뒤에서 살피겠지만, 그런 방송을 추천했다는 것은 경악할 일이다. 또한 진중권이 직접 출연하기까지 한 〈성제준TV〉의 진행자 성제

윤서인과 성제준을 '봐줄 만한 유튜버'로 꼽은 진중권. 그의 사상적 궤적이나 논리벽을 떠올리면 불가해한 행보지만, '프로보커터의 트롤링'이나 '모두 까기를 위한 밑밥'으로 본다면 오히려 전략적으로 타당한 포석이 된다.(©성제준TV)

준은 저서에서 《공산당 선언》의 유명한 첫 문장 "하나의 유령이 유럽을 떠돌고 있다"에 언급된 유령을 '자본주의'라고 주장한 것을 비롯해 기초적인 사실·지식의 오류를 끊임없이 범하고 있는 인물이다. 참고로 《공산당 선언》의 첫 문장은 곧바로 "공산주의라는 유령 말이다"라는 문장으로 이어진다. 이 책의 한 페이지, 아니 한 줄이라도 읽었다면 떠들어댈 수 없는 오류인 것이다. 진중권은 일찍이 조국에게 '당신이 사회주의자를 자처하는 것은 이념 모독'이라고 일갈하며 좌파 감별사를 자처했다. 그런 기개는 간데없이 이런 불량식품을 '봐줄 만한 보수'로 권하는 모습에서 그가 여태 견지해온 신념을 스스로 부정하고 있다는 판단을 내리는 게 지나친 폄훼일까?

진중권의 최근 행보를 두고 전향이나 변절을 의심하는 것은 차라리 관대한 평가일지도 모른다. 진중권의 태도를 프로보커터의 트롤링 기질에 비춰보면 그가 21대 총선 직후 미래통합당 토론회에 참석한 이유는 명확하다. 그는 단지 '적진'에 들어가서 화제가 될 만한 누구의 면전에든 "뇌가 없다"라고 '팩트 폭력'을 가하는 모습을 연출해 언론에 노출되기를 꾀한 것이다. 말하자면 《조선일보》 독자마당 2.0이다. 일단 정부·여당을 맹공함으로써 보수정당에게 '우리 편'이라는 착각을 심어준 다음, 초대받은 그들의 진지에 또 다른 폭탄을 투척하는 것이다. 그 현장이 인터넷 게시판에서 공적인 정치행사장으로 바뀌었을 뿐, 이는 엄연한 트롤링이다. 한편으로 진중권의 이 트롤링은 '모두 까기'라는 전매특허를 유지함과 동시에, 정부·여당에 실망하면서도 보수 야당을 지지할 수 없는 유권자들의 마음을 노린 전술로 봐도 좋을 것이다.

막말, 도발, 음모론
프로보커터들의 프로보커터

레퍼토리의 반복은 주목을 꺼트린다. 진중권이 화려한 언변과 촌철

살인의 글로 축적해온 진보 논객으로서의 상징자본도 바닥을 보이기 시작하고 있다. 그의 퍼포먼스가 불러오는 효과도 예전만 못하다. 이제 그에게 남은 것은 도발밖에 없다. 앞에서 그의 발언에서 내용보다 표현에 주목하자고 했지만, 최근 그가 던지는 메시지는 표현에서든 내용에서든 프로보커터의 전형에 근접하고 있다.

프로보커터는 사회 문제의 원인을 몇몇 개인 혹은 집단으로 의인화한다. 진중권은 부동산 문제, 공정 논란, 불황 등 우리가 직면한 온갖 문제들을 현 정부·여당의 무능력과 비위에 귀속시킨다. 이들만 사라지면 모든 게 해결되기라도 하는 양, 사회 각계각층에서 터져 나오는 모든 불만을 현 정부를 향한 원한과 증오로 끌어가기 위해 갖은 노력을 기울인다. 동조하지 않는 이에게는 '돌대가리'라는 폭언도 주저하지 않는다. 진중권은 과거 민족해방 계열의 운동권에 대해 사회의 모든 모순을 미국 제국주의에 환원한다고 꼬집은 바 있다. 이명박·박근혜 집권기엔 정권만 타도하면 민주주의가 회복되리라고 선전하는 민주당 인사들에게 일침을 날린 적도 여러 번이다. 그때의 진중권은 그런 식으로 문제를 단순화하는 데 거리낌이 없는 오늘의 자신을 보고 어떤 평가를 내릴까?

진중권은 이제 음모론까지 만지작거린다. 그래도 '진중권표' 음모론이라면 어딘가 정교하고 근사한 '작품'이 나오지 않을까? 섣부른 편견이다. 그는 2020년 당시 추미애 법무부장관과 윤석열 검찰총장의 갈등을 겨냥해 '일개 장관이 저렇게 폭주하지 못한다. 어디에선가 오더가 떨어진 것이다'라는 주장을 그의 소셜미디어에 올렸다. 어디에도 근거는 없었다. 진중권이 구사한 '배후설'은 음모론자의 클리셰다. 모든 일의 흑막 뒤에 대통령 문재인이 있다는 암시를 던진 것이다. 정작 이런 주장을 하기 불과 일주일 전, 진중권은 "문재인 대통령은 허수아비"라며 586 청와대 실세들이 국정을 농단한다는 주장을 내놓은 바 있다. 아무리 봐도 같은 사람의 입에서 나온 말 같지는 않지만, 굳이 독해하자면 어찌됐건 결국 대통령이 문제이며, 모든 사태의 책임은 586으로 표상되는 정부 인사들에게 있음을 설파하려 한 것으로 보인다.

진중권은 조국에 대해서도 비슷한 레토릭을 구사한다. "내가 말을 안 해서 그렇지, 그보다 더 파렴치한 일도 있었습니다"라는 주장이 대표적이다. '더 파렴치한 일'이 무엇인지는 밝히지 않았다. 아마 앞으로도 말하지 않을 것 같다. 이는 전형적인 변죽울림이며, 유명인과의 친분을 드러냄으로써 권위를 획득하려는 네임드라핑Name-Dropping의 악성 변용이다. 다시 말해 자신이 한때 조국과 가까운 사이였다는 사실을 이용해 남들은 모르는 비밀이 더 있다는 인상을 풍기고, 자신이 입을 열 때마다 언론이 주목하게끔 미끼를 던지는 꼼수인 것이다.

이와 비슷한 사례로, 정치인 정두언의 행적을 들 수 있다. 그는

2016년 촛불시위 국면부터 스스로 생을 마감하기까지 3년간, 이명박·박근혜의 비리와 범죄 행위, 사생활에 관해 자신만 알고 있는 어마어마한 일이 있다는 식으로 '흘리는' 화법을 반복했다. 덕분에 그는 낙선한 전직 의원임에도 현역 때 못지않은 카메라와 마이크 세례를 누렸다. 물론 그 또한 그 이상의 '숨은 이야기'를 내놓은 적은 없었다. 이미 보도되고 드러난 비리를 논하는 자리에서 '그보다 더 한 일이 있다'며 미끼를 던질 뿐이었다. 줄곧 강조했던 "경천동지할 일" 혹은 "지지자도 며칠간은 밥도 못 먹을 일"에 대해서는 곁다리 힌트만 던지면서 자신의 이름만 부각시킨 것이다. 그는 말 그대로 비밀을 '무덤까지' 안고 갔다. 그 엄청난 비밀의 실체와 무관하게, 이렇게 떡밥만 흘리면서 입을 열 때마다 사람들이 주목하게 만들려는 행위 또한 도발, '어그로 끌기'와 진배없다. 진중권이 "더 파렴치한 일" 운운하는 것 또한 마찬가지다.

프로보커터의 말기적 증상

'논객 진중권' 또는 '지식인 진중권'의 소멸시효는 진작에 완성되었다. 2020년 《JTBC》 신년토론 방송에 등장한 "제가 아니까요"라는 발언은 이 사실을 진중권 스스로 추인한 퍼포먼스였다. 진중권은 상

주장의 근거를 요구하는 질문에 "제가 아니까요"라고 답하는 진중권. 상대 패널은 물론 방청객과 시청자들의 실소를 부른 이 장면은 진중권의 정체성이 논객이 아닌 프로보커터라는 것을 보여주는 상징적 장면이다.(© JTBC)

대 패널인 정준희 한양대 겸임교수와 논박을 주고받던 과정에서 '조국 사태'의 주요 논쟁거리였던 '표창장 왜곡(위조)이 사실'이라고 주장했다. 이에 정준희가 그 문제는 재판에서 가려질 사안이라고 반박하자 진중권은 "판결의 문제가 아닙니다"라고 대꾸한다. 이에 다시 정준희가 "어떻게 확신하시는데요?"라고 되묻자 저런 대답을 내놓은 것이다. 해당 사건의 재판 결과와 무관하게, 이는 논객 또는 지식인이라면 공론장에서 내보일 수 없는 태도와 언설이었다.

이뿐만 아니다. 사실 해당 토론은 '언론개혁'을 주제로 전통적 미디어와 뉴미디어의 향방을 논하는 자리였다. 진중권은 이런 논의의 흐름과 상관없이 주목의 중심을 차지하기 위해 특유의 날선 공세로 일관했다. 특히 상대 패널 중 가장 거물인 유시민을 자극해 일대일 구도를 연출하려 애썼다. 유시민은 이에 응하거나 휘말리지 않았다. 토론장을 싸움판으로 만들고자 했던 진중권이 누차 던져댄 도발적 발언들은 끝까지 아무런 반응을 끌어내지 못했다. 결국 그는 홀로 억울함과 분노를 토해내는 사람으로, 씩씩거리는 모습만 남긴 채 토론장을 나섰다. 일당천, 만인지적의 논객 시절의 여유와 기개는 간데없었다.

조롱하고 비아냥거리며 깐죽대는 것도 심리적 여유가 받쳐줄 때 가능한 도발 기술이다. 주목이 걷히고 여유를 잃은 진중권에게는 억지와 악만 남았다. 프로보커터의 말기적 증상이다.

7

서민 / 게으른, 혹은 무능한 프로보커터

서민은 이따금씩 개진하는 논평마다
문빠와 대깨문을 소환한다.
서민의 말과 글에서 문빠와 대깨문은
한국 민주주의에 대한 최대-최악의
위협 집단으로 거듭난다.
그런데 그 근거는 자신을 공격한
소수 극렬 지지자들의 몇몇
경거망동이 전부다.

아내가 바람났다고 믿는 남편에게는 반드시 바람난 아내가 필요하다. 철학자이자 문화비평가인 슬라보이 지제크에 따르면, 아내가 정말로 외간 남자와 불륜을 저질렀는지 여부와 상관없이, 설령 그것이 사실이라 할지라도 남편의 질투 혹은 망상은 병리적인 것이다. 지제크는 비슷한 경우로 이런 예도 든다. 나치가 유럽의 유대인에 관해 주장했던 것들이 설령 전부 사실이라고 할지라도, 그들의 반유대주의는 여전히 병리적 증상이다. 유대인 혐오가 있어야만 이데올로기로서 나치즘이 존립할 수 있기 때문이다. 마찬가지로 바람난 아내를 두었다고 믿는 남자는 가정에 충실하지 않고 밖에서 놀아나는 헤픈 아내를 단죄해야 한다. 그래야만 자신의 무능력하고 비루한 삶을 지탱할 수 있기 때문이다.

진중권에겐 있고
서민에겐 없는 것

'기생충 학자' 서민 단국대 교수(이하 서민)가 명실상부한 반문 논객으로 호명되기 시작한 것은 2019년 '조국 사태'부터였다. 진중권과 엇비슷하다. 물론 진중권만큼의 주목에 미치지는 못하고, 유력 언론의 인용 보도 역시 '서민 저널리즘'이라고 불릴 정도는 아니다. 어떻든 조국 사태 이후로 서민에 대한 미디어와 대중의 주목이 비약적으로 커진 것은 사실이다.

서민은 다년간의 글쓰기와 강연, 방송 활동으로 이름을 알려왔다. 덕분에 그는 한국 사회에서 가장 유명한 의과대학 교수 가운데 한 사람으로 손꼽힐 것이다. 그런데 왜 그만큼의 인지도를 보유한 서민의 '변신'은 진중권만큼 주목을 받지 못하는 것일까?

우선 서민에게는 진중권이 가진 일급의 논객·지식인이라는 상징자본이 없었다. 진중권은 1980년대 말 서울사회과학연구소의 창설 멤버였다. 20대 후반부터 일찌감치 진보적-소장 학자로 자리매김한 셈이다. 또한 《미학 오디세이》(1994)를 시작으로 꾸준히 상재한 미학·예술 관련서들은 그에게 잘나가는 교양 저술가의 지위를 첨부했다. 결정적으로 안티조선 운동을 비롯해 한국 사회의 굵직굵직한 논쟁에 빠짐없이 참여해 활약함으로써 한 시대를 상징하는 논객으로 떠오른다. 황우석 사건과 영화 〈디워〉 논쟁은 그 화룡점정이었다.

반면 서민은 2009년 《경향신문》에 칼럼을 기고하면서 미디어에 얼굴을 비추기 시작했다. 이전에도 《딴지일보》에서 '마태우스'라는 필명으로 활동한 바 있고, 이런저런 저술 활동을 이어왔지만 대중적으로는 무명에 가까웠다. 결국 두 사람의 생물학적 나이 차는 서너 살이지만 논객 커리어는 20년 이상 벌어지는 셈이다.

패러디와 반전의 장인에서
타격감 없는 '기승전문빠'로

서민의 이름이 본격적으로 알려진 것은 2012년 이후 정치·사회 칼럼니스트로 활동하면서부터다. 뒤늦게 알려지긴 했지만 긴 세월 갈고 닦은 그의 재기 넘치는 문체와 풍자는 단숨에 독자들을 사로잡았다.

이 시기 서민이 쓴 칼럼들은 전공인 기생충학과 현실 정치의 유비를 축으로 패러디와 냉소적 풍자, 아이러니로 버무려져 있다. 그는 박근혜 정권의 국정운영과 여당의 입장을 옹호하거나 그 반대파들을 비난하는 척하며 글을 시작한다. 해당 언론의 평소 논조나 필자의 성향과 딴판인 서두에 의아해하던 독자들은 얼마 지나지 않아 그것이 반어적 비틀기였음을 깨닫고 키득거린다. 비틀기는 곧잘 통렬한 비판으로 이어진다. 그의 외모나 처지에 관한 자학성 개그까지 심심

찮게 녹아든 서민의 칼럼은 그 '반전 매력'과 이야기 전반에 흐르는 유머러스함으로 주목받았다. 특히 박근혜와 그의 정부를 지지하지 않는 유권자들의 네트워킹을 타고 인터넷 등지에 널리 공유되었고, 어느새 서민은 민주·진보 진영의 주요 논객 반열에 오르게 된다. 경로는 달랐지만 서민 역시 비평의 내용과 메시지의 정치함보다는 조롱 섞인 패러디와 도발적 비아냥으로 독자를 확보했다는 점에서 진중권과 닮은 꼴이기도 하다.

글쓰기 외에도 활발한 방송 활동으로 인기 연예인과 맞먹을 유명세를 누리던 서민은, 언급했던 2019년 조국 사태 이후 '반문 논객'으로 변신한다. 그런데 어찌된 일인지 반응이 뜨뜻미지근하다. 서민의 '변신'이 진중권의 사례와 달리 보수 성향 미디어나 유권자에게, 심지어 민주당 진영에서조차 생각만큼 주목받지 못하는 이유는 무엇일까?

서민의 변신이 이목을 끌지 못하는 가장 큰 이유는 굳이 인용할 가치가 없어서다. 그가 개진하는 정치 논설들, 발언들은 흔한 말로 '타격감'이 없다. 유능한 프로보커터는 자신이 공격하는 대상이 최대한 언짢도록 최선의 노력을 기울인다. 그에 비해 서민의 도발은 다소 밋밋하다. 아니 그가 이전까지 보여준 패러디와 비틀기의 퍼포먼스를 생각하면 차라리 게으르다고 해야 할 것이다.

2020년 하반기 이후 서민은 '문빠' '대깨문'이라는 말을 부쩍 즐겨

'문빠'가 언론 탄압하는 시대, 조선일보 없었다면 어쩔 뻔

아주 오랫동안, 조선일보는 진보의 편에 선 이들에게 공공의 적이었다. 심지어 그들은 조선일보가 우리나라를 후퇴시키는 '악의 축'이라 주장했다. 나 역시 그 말이 옳다고 오랫동안 생각해왔다. 하지만 요즘은 그 주장이 맞는지 점점 헷갈리고 있다.

발단은 국정 농단 시위가 한창이던 2017년 겨울이었다. 박근혜 전 대통령의 국정 농단에 관한 보도 중 가장 볼만한 프로그램은 TV조선의 것들이었다. 알고 보니 TV조선은 가장 먼저 최순실의 존재를 알아챘고, 그에 관한 심층 취재를 하다 정권의 탄압을 받기까지 했

100 朝鮮日報 1920-2020

나와 조선일보 (17)서민

김종연 영상미디어 기자

지난해 10월 '윤지오 사기극과 그 공범들'을 펴낸 서민 교수는 본지 인터뷰에서 "내 편만 옹호하는 진영 논리가 판단력을 마비시킨다"고 했다.

로 위장한 채 끊임없이 가짜 뉴스를 생산하며, 이른바 '문빠'라 불리는 문 대통령의 극성 지지자들이 공공연하게 언론 탄압을 자행하는 이 시대에, 조선일보마저 없었다면 큰일 날 뻔했다.

조선일보에는 개인적 고마움도 있다. 2019년 봄, 고(故) 장자연의 증언자를 자처했던 윤지오가 1억5000만원 상당 돈을 챙겨 캐나다로 도망쳤다. 이 사기극이 성공할 수 있었던 데는 그녀의 말을 검증 없이 내보낸 언론의 책임이 컸지만, 어느 한 곳도 반성하지 않고 있다. 내가 이 사건에 관한 책을 출간한 것도 언론의 책임을 추궁하고자 함이었으나,

"완벽한 대통령의 한 가지 단점" "위기관리엔 약하지만 자기관리에 뛰어난 대통령" … 박근혜 정부 시절 서민은 유쾌한 비틀기와 패러디로 주목받는 풍자형 지식인이었다. 그러나 '반문 논객'으로의 전향 이후 서민의 '문빠 타령'에는 '서민적 글쓰기'의 미덕을 찾아보기 힘들다.(ⓒ조선일보, 2020년 3월 25일)

쓴다. 이름과 얼굴을 가리면 발화자가 극우 논객이나 유튜버라고 생각할 정도다. '-빠'는 유명인의 극성팬을 가리키는 접미사다. '대깨문'은 '대가리가 깨져도 문재인'의 약어다. 여론조사 문항에 따라 규모가 달라지겠지만 이는 한국 사회에서 적잖은 비중을 차지하는 유권자 집단에 모욕감을 주는 멸칭이다. 재미있는 것은 본래 대깨문은 문재인 지지층이 자신들의 지지를 자부하는 뜻으로 만들어낸 명칭으로, 반대 진영에서 이를 친문 유권자를 조롱하는 '정치 밈'으로 전

유했다는 사실이다. 어떻든 강도 높은 멸칭인 탓에 일말의 공적 지위를 갖고 발언하는 사람들은 이를 대개 '친문'이나 '문파文派'라는 말로 순화한다. 하지만 서민은 자신의 소셜미디어에 올리는 게시물마다 문빠·대깨문 운운하기를 서슴지 않는다.

문빠와 대깨문이 정치적 밈으로 기능하는 까닭은 해당 표현을 꺼내는 것만으로 '그들'과 '우리'의 분리가 이뤄지기 때문이다. 즉 문빠와 대깨문은 문재인 정부와 그 지지자들을 '그들'로 배제함으로써, 그 말을 사용하는 '우리'를 반문·반민주당 세력으로 결집하는 기표다. 정부·여당을 이로정연하게 옹호하거나 야권에 불리한 논거를 차근차근 제시하는 이를 상대할 때조차 '네, 다음 대깨문' 한마디면 충분한 것이다. 이 마법의 센텐스 덕분에 '우리'는 '그들'을 이성을 상실한 맹목적 충성분자로, 그의 모든 언설을 무가치한 기도문으로 기각할 수 있다.

그러나 이러한 밈의 기능이 효율적이긴 하겠지만 별다른 효과가 있을지는 의심스럽다. 우선 앞서 말했듯이 대깨문은 본래 문재인 지지층이 유행시킨 말이다. 반대파에게 전유되었다고 해도 여전히 그들 다수는 자랑스럽게 대깨문을 자처한다. 즉 아무런 타격감이 없다.

무엇보다 문빠나 대깨문이라는 밈에는 '투쟁의 요소'가 없다. 단지 반문 성향 유권자들끼리의 세력화를 도모하는 밈이기 때문에 특정한 정치적 견해가 없는 부동층에게 호소력을 갖지 못한다는 것이다. 요컨대 '그들'에 견줘 밈이 '우리'로 호명하는 대상이 너무 추상적이다. 반문이라는 것 말고는 '우리'를 특징짓는 조건이 없기에 결집은 느슨하게만 이루어지며 따라서 쉽게 분산된다. 이러한 한계는 앞에서 소개한 '커크서버티브'나 '부머' 밈과 비교하면 한결 명확하다. 커크서버티브는 엘리트-비엘리트 간 투쟁과 반反PC 의제를 표상한다. '부머' 밈에서는 세대 갈등의 맥락을 읽어낼 수 있다. 그에 반해 '대깨문'은 그것을 멸칭으로 사용하는 자의 우월감을 드러내고 고양할 뿐, 특별한 어젠다나 의미를 찾아볼 수 없다.

유쾌함을 상실한 섀도 복싱

서민은 이따금씩 개진하는 논평마다 문빠와 대깨문을 소환한다. 서민의 말과 글에서 문빠와 대깨문은 한국 민주주의에 대한 최대-최악의 위협 집단으로 거듭난다. 그런데 그 근거는 자신을 공격한 소수 극렬 지지자들의 몇몇 경거망동이 전부다. 문빠와 대깨문이, 다시 말해 문재인 정부를 지지하는 것 자체가 민주주의 파괴 행위라고 주장하기 위해서는 이 정부가 반민주적 또는 적어도 비민주적 정권이라는 전제가 필요하다. 안타깝게도 서민에게 그 주장과 전제를 그럴듯하게 설계해낼 만한 역량은 부족해 보인다.

결국 서민의 활로는 문재인 지지층을 말 그대로 '빠돌이 빠순이'로 폄하하는 길밖에 없다. 다른 한편으로 야당을 지지하지 않는 유권자들을 겨냥해 '국민 수준이 높다고 할 수 없다'며 계몽가 노릇을 할 뿐이다. 심지어 서민은 한 지상파 라디오 시사방송에 출연해 조국이나 문재인에 대한 여성 유권자의 지지도가 비교적 높게 나오는 것을 두고 그 둘이 '잘생겨서'라는 식의 공공 전파를 낭비하는 언행을 일삼는다. 이는 순도 100%의 도발인 동시에 속이 빈 강정이다. 언론사 입장에서도 이런 말을 보도해봐야 약간의 조회수는 늘릴 수 있을지언정 여론의 움직임이나 정치적 효과를 기대할 수 없다. 오히려 상대를 자극해 결집하게 만드는 역효과가 생기지 않으면 다행일 것이다. 이 또한 서민의 '튀는' 발언이 생각만큼 적극적으로 인용·보도되지 않은 이유 중 하나일 것이다.

문재인 정부에 반감을 가진 이들은 그 증오나 혐오 정서를 고스란히 현 정부 지지자들에게 내뿜는다. 좌우 가릴 것 없다. 논객연하는 이들이 소셜미디어에 국정 이슈나 지지율에 관해 한마디 보탤 때는 문빠나 대깨문이라는 말이 빠지지 않는다. 이들은 친문 유권자들을 문화혁명 당시 홍위병과 같은 존재로 격상 또는 격하한다. 20년 전 시민운동 세력을 홍위병에 빗댄 이문열이 떠오르는 게 나뿐일까? 누구나 문빠·때깨문을 손쉽게, 극성맞게 호명하지만 정작 그 집단의 실체를 규명한 경우는 찾아볼 수 없다.

미국 대안 우파의 정신적 지주로 떠오른 조던 피터슨Jordan Peterson이 입버릇처럼 공격해대는 대상 가운데 '포스트모던 네오-마르크시스트'라는 게 있다. 도널드 트럼프는 '안티파Antifa'라는 세력이 국가를 전복할 것이라며 줄기차게 경고했다. 문제는 포스트모던 네오-마르크시스트든 안티파든 아무런 실체가 없다는 것이다. 한국의 문빠 타령도 이와 마찬가지다. 허수아비 논증이다. 문빠라고 불리는 극렬 지지자가 없다는 뜻이 아니다. 그 지지층을 하나의 정체성을 지닌 단일 인격체로 상정하면 곤란하다는 것이다.

극렬 지지층은 문빠·대깨문만의 문제가 아니며, 어느 정도 인지도 있는 정치인에게는 많든 적든 존재한다. 정치를 의인화하고 특정 정치인을 아이돌 스타 소비하듯 대하는 것 또한 어제오늘의 일이 아니다. 그럼에도 불구하고 어떤 이슈에서든 몇몇 극렬 지지자들의 경거망동을 '체리 피킹cherry picking'(유불리를 따져서 선별하고 제시하는 행위) 하며 '문빠들 때문에 문재인 정부를 응원할 수 없다'는 식으로 굳이 지지자 일반을 공격하는 사람들이 적잖다.

이런 광경을 볼 때마다 단지 할 수 있는 말이 그것뿐인 것은 아닌지 의심스럽다. 이들의 유일한 어젠다는 반문이며, 유일한 처신은 문재인 지지자를 공격하는 것이다. 서두에 언급한 '질투하는 남편'과 이들 사이에 무슨 차이가 있는지 모르겠다. 특히 서민처럼 거의 울부짖으며 증오를 드러내는 이들에게는 문빠가 '존재의 이유'로 보일 지경이다. 문빠들 때문에 자신이 핍박당하고 있다는 생각, 혹은 자신이 겪는 곤궁의 막후에 문빠로 대표되는 세력의 농간이 있다는 믿음은 확실히 병리적이다.

'친문 패권'의 기원에 관한 사소한 이야기

서민이 문제 삼는 이른바 '정치 팬덤' 담론은 다소 김빠진다. 그리고 대체로 악의적이다. 한국 정치 팬덤의 기원을 대개 노사모(노무현을 사랑하는 사람들의 모임)에서 찾는다. 2002년 16대 대통령선거에 나설 후보를 뽑는 민주당 경선에 참여할 당시만 해도 노무현은 어디까지나 그만그만한 군소 후보요 아웃사이더였다. 호남 기반 정당의 영남 정치인, 그것도 낙선을 거듭한 원외 정치인인 데다가 고졸 출신으로 이렇다 할 지역 기반도 학연도 없었기 때문이다. 그에게 정치적 우군은 경선 당시엔 노사모, 대선 기간 전체로 봐도 막판에 급조된 개혁국민정당이 전부였다. 노무현의 경선-대선 승리가 기적으로 평가받는 까닭이다. 따라서 이때의 노사모, 훗날 '친노'로 명명되는 지지세력은 실체가 확실한 정치 집단으로서 영향력을 행사했다고 볼 수 있다.

인터넷과 정치의 만남이 아직 낯설었던 시절, 40대 이하 젊은 유권자를 주축으로 한 노사모는 온·오프라인을 오가며 '게릴라전'을 벌였다. 이들은 경선과 대선에서 펼쳐진 대역전 드라마의 일등공신이었다. 하지만 이것은 벌써 20년 전의 이야기다. 지금은 좌우와 세대를 막론하고 인터넷 정치에서 '게릴라전'은 상수다. 정치 팬덤을 보는 시선이 노사모가 활동하던 시기에 머물러서는 안 될 것이다.

정치 팬덤은 좌우와 여야와 인물을 불문하고 존재하지만 평단과 언론에서는 이 용어를 유독 '친문'의 동의어로 취급하려는 경향을 보인다. 그런데 그 뿌리를 더듬어가면 한 가지 재미있는 사실과 만나게 된다. 2012년 18대 대선 이후 수년간 제작된 종합편성채널(종편)의 정치·시사 프로그램을 살펴보면 패널 구성이 예상 밖으로 고르게 분포되어 있음을 알 수 있다. 그 가운데 가장 자주 얼굴을 비추던 민주당 계열 평론가들로 황태순·민영삼·황장수를 들 수 있다. 한편《TV조선》에서 자신의 이름을 내걸고 시사 프로그램을 진행한 장성민 또한 민주당에서 국회의원을 지낸 경력이 있었다.

얄궂은 것은 이들 평론가 혹은 진행자의 공통분모다. 친민주당 성향으로 분류되는 것과 별개로, 이들은 하나같이 노무현에게 강한 반감을 가진 이른바 반노 인사였다. 오늘날 서민이 친문을 그렇게 대하듯이, 친노 세력으로부터 상처를 입었거나 부당한 대우를 받았다고 믿는 사람들이었다. 이들은 당시까지만 해도 한몸으로 취급되던 친노-친문을 끊임없이 호명하며 그들의 '패권 타도'를 외쳤다. 당시에

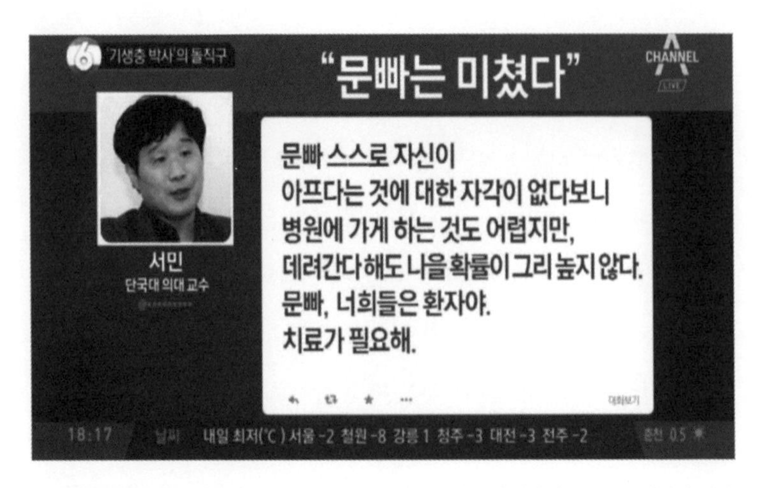

서민의 문빠 타령은 일종의 섀도 복싱이다. 동시에 문제를 의인화하는 프로보커터의 전형적 문법이다.(© 채널A)

도 '친문'과 '패권'의 실체에 숱한 물음표가 따라붙었지만 이에 대한 규정은 어디에도 없었다. 그렇게 '친문'과 '패권'이라는 용어는 금실 좋은 유행어가 되어 종편과 정치 바깥의 일반 유권자들에게까지 퍼져나가게 된다. 나는 지금 현재 벌어지고 있는 문빠·대깨문 논란의 원인이 모두 이들 평론가 집단에 있다고 주장하는 게 아니다. 용어와 개념의 기원을 살피는 것, 그 기원이 어떤 의도와 얼마나 정교한 (혹은 부실한) 논리와 맞닿아 있는지 깨닫는 것이 이 지긋지긋한 정치적 소모전의 출구 가운데 하나일 수 있음을 말하는 것이다.

게으르거나
무능하거나

정치세력은 처음부터 주어진 정체성을 근간으로 형성되지 않는다. 정치세력은 계속해서 변화하며 다양한 정체성을 띤 여러 집단이 우연한 계기에 특정한 기표를 중심으로 결집한 일시적 결과물이다. 앞서 개괄한 라클라우의 인민 형성 모델을 복기하면 이해가 빠를 것이다. 관철되지 않은 요구들이 시간의 흐름에 따라 축적되면서 그것들 간에 등가적 관계가 만들어진다. 유념해야 할 것은 이질적인 요구들의 충돌 가능성이 상존하기 때문에, 최대-공통의 요구를 정점으로 위계질서가 만들어져야 한다는 것이다. 그 최대-공통의 요구가 바로 헤게모니적 기표가 된다. 이 기표는 비어 있고 내용물은 언제나 가변적이다.

그렇다면 문빠를 문빠라는 정체성으로 결집하게 만드는 '그' 기표는 무엇인가? 그것은 입만 열면 문빠·대깨문 운운하는 사람이 믿고 싶어 하는 것처럼 '문재인 개인'이 아니라, '적폐청산'으로 표상되는 정치변혁이다. 2016년의 촛불을 결집시킨 것은 '박근혜 퇴진'이라는 기표다. 당시 리버럴에서 반자본주의를 외치는 좌파, 비박 성향의 보수 유권자, 심지어 정치 무관심층까지 온갖 다양한 사람들이 한데 모여 그토록 오랫동안 결집할 수 있었던 이유는 '박근혜 퇴진'이라는 최대-공통의 요구가 존재했기 때문이다. 2016년의 촛불을 두고 정권만 갈아치웠을 뿐, 근본적인 사회변혁은 이루지 못했다는 이유로 깎아내리는 사람이 여럿 있다. 혹은 본래 촛불의 요구였던 사회혁명을, 민주당으로 대표되는 거대 야당 세력이 정권교체에 대한 요구로 축소·변질시켰으며, 집권 이후 문재인 정부 역시 그 소명을 배반했다고 주장하는 사람도 많다.

분명히 해두자. 촛불의 목적은 거창한 사회변혁이나 혁명이 아니었다. 제각기 다양한 정치 성향을 가진, 수십-수백 만에 달하는 사람들을 한 공간에 머무르게 만든 것은 박근혜 퇴진과 정권교체라는 당장 실현 가능한 약속이었다. 사회변혁은 추상적이다. 안타깝게도 변혁의 주체인 대중은 정치적 상상력이 부족하다. 진보 세력은 끝내 이 딜레마를 풀지 못했다. 그들에게는 촛불의 에너지를 박근혜 퇴진을 넘어 진보적 의제로 전환시킬 헤게모니 전략도 구체적 프로그램도 없었다. 반면 문빠로 호명되는 현 정부의 지지자들은 사회변혁이 아니라 정치변혁을 위해 결집했고, 이를 위한 권력을 쟁취하는 데 성공했다.

물론 정부·여당이 관철하려는 정치변혁의 과정에서 여러 가지 갈등이 발생한다. 이에 대해 비판하고 지적하는 것은 당연하고 권장할 일이다. 그러나 서민과 같이 말끝마다 문빠·대깨문을 언급하는 이들은 힘을 가진 정권과의 논쟁이 아니라 유권자들과의 감정싸움만을 노출시킨다. 서민은 남다른 통찰과 글쓰기 재능으로 암묵적인 공신력을 부여받고 발언권을 행사하는 지식인이었다. 그런 이가 어떤 이유에서든 유권자·시민을 상대로 한 도발에 재능을 소모하는 것은 커다란 불행이다.

그 불행은 갈수록 깊어지고 있다. 서민은 2020년 정의연 사태와 박원순 성추행 사건을 빌미로 '탈페미'를 선언하며 한국 여성주의 의제와 단체들을 공격하는 데 한마디씩 보태기 시작한다. 그는 바로 얼마 전까지 래디컬 페미니스트를 자처하며 (한국) 남성 일반을 깎아내렸던 인물이다. 세상이 바뀌면 생각도 변하기 마련이다. 그러나 1년이 채 안 되는 시간 동안 바뀐 것은 페미니즘이나 한국 남성이 아니라 서민의 태도뿐이다. 여론의 추이를 살피다가 그때그때 자신의 입장을 180도 바꾸며 자극적인 발언만을 내뱉는, 전형적인 '사이버 렉카'의 모습이다. 그럼에도 불구하고 그에 대한 주목은 여전히 신통치 않다. 앞서 서민의 '변신'에 대해 게으르다고 진단했지만, 최근에 그의 모습은 차라리 무능해 보인다. 어느 쪽이든 서민은 실패한 프로보커터다.

8

김어준 / '공정한 편파'가 감춘 정치 종족주의

〈나꼼수〉의 기능은 이미 존재하는

민주당 지지자들을 동원하고

결집하는 데 머물렀고,

반대 진영 설득에는 관심이 없었다.

다시 말해 〈나꼼수〉의 토대는

정치 종족주의tribalism였다.

진중권과 서민이 싸움꾼형 프로보커터라면, 김어준 총수 또는 공장장(이하 김어준)이 주목을 위해 벌이는 행동은 약간 다르다. 김어준이 프로보커터라면, 아마 가장 성공한 프로보커터라고 할 수 있을 것이다.

영미권에서 창궐하는 프로보커터의 단계를 거칠게나마 정리해보면 이렇다. 다수의 구독자·추종자를 확보한 트롤이나 사이버 렉카가 정치적 영향력을 행사하려 들 때, 그를 프로보커터라고 할 수 있다. 더 많은 구독자와 추종자들을 끌어들이는 데 성공한 프로보커터는 지면이나 방송에 등장함으로써 논객이나 비평가의 지위를 얻는다. 이런 프로보커터 가운데 일부는 넉넉한 주목 자본을 활용해 주요 정당 소속의 현실 정치인으로 변신하기도 한다. 또는 기성 매체와 차별화한 콘텐츠를 가진 '대안 언론인'으로 행세하며 여론을 움직이는 존재가 될 수도 있다.

한국의 프로보커터 진중권과 서민의 궤적은 조금 다르다. 이 둘은, 그 도발적 기질과 행태를 걷어내면, 적어도 겉보기엔 지식인에서 프로보커터로 '편입' 혹은 '전락'한 케이스다. 진중권은 대학교 시절부터 축적해온 미학자로서의 입지를 바탕으로 달변가이자 저술가, 촌철살인의 논객으로 승승장구해왔다. 한국 사회에서 지성인의 최고급 라이선스인 대학교수직을 따내는 데도 성공했다. 그러나 조국 사태 이후 전업 논객으로 복귀한 진중권은 여전히 많은 말을 쏟아내고 있지만 영향력은 예전 같지 않다. 그를 대표하던 상징자본들이 서서히 고갈되면서 악다구니만 남은 '어그로꾼'이 되어가고 있다. 요컨대 진중권은 한국의 진보 지식인, 논객, 비평가가 프로보커터로 전락한 대표적 사례다.

서민은 일찍부터 의과대학에 자리 잡고서 전공 지식과 재담을 섞은 글쓰기와 방송 활동을 겸업해왔다. '유쾌한 기생충 박사님' 캐릭터를 구축한 그는 풍자와 반전을 주력으로 삼은 칼럼으로 이름을 얻었고 마침내 대중이 주목하는 사회적 스피커로 거듭났다. 그러던 서민은 '문빠'들을 비난하면서 삐거덕거리기 시작한다. 그의 사회적 발언은 어느새 특정 유권자 집단과의 감정싸움으로 흘렀고, '서민적 글쓰기'의 장점은 물론 논평으로서 가치가 사라진 일차원적 도발로 점철되었다. 서민 역시 저명한 학자이자 방송인이자 저술가에서 프로보커터로 전락하는 행보를 보인 셈이다.

한편 말과 글의 스타일 측면에서 보면 진중권과 서민은 시종일관 지식인과 프로보커터의 경계를 아슬아슬하게 줄타기해왔다고 볼 수 있다. 무엇보다 두 사람은 (막말이든 풍자든) 도발적 언설로 유명세를 얻었고, 이를 바탕으로 사회적 스피커로서 영향력을 행사했다. 이후 저마다의 이유로 한계에 부딪혔고, 과거의 반향을 회복하기 위해 도발의 강도와 수위를 높이는 길을 택했다. 이 선택이 어떤 결과를 맞을지는 아모스 이의 사례에서 짐작해볼 만하다. 실제로 주목을 위해 그들이 쏟아내는 발언들은 공론의 거점은커녕 노이즈의 진앙이 되고 있다.

음모론 분쇄기에서
음모론 제작자로

이 장의 주제인 김어준의 이야기로 돌아가자. 김어준은 이들과는 사뭇 다른 방식으로 유명세를 쌓았다. 그의 생애를 관찰·정리하다 보면 만나게 되는 한 가지 독특한 구석이 있다. 20년 이상 유명인사로 살아온 김어준을 가리키거나 부를 만한 직함이 불분명하다는 것이다.

그는 언론인인가? 〈김어준의 뉴스공장〉이라는 시사방송을 수년째 진행한다는 점에서 언론인으로 불러도 손색없겠지만 이것은 비교적 최근의 일이다. 그가 설립한《딴지일보》는 언론사라기보다는 인터넷 커뮤니티 사이트라고 볼 수 있다.《딴지일보》 이후 김어준에게 곧잘 따라붙는 '총수'라는 직함도 애초 권위주의 시대의 재벌 오너에 대한 풍자에서 비롯된 표현이기에 진지하게 받아들일 것은 아니다. 최근 많이 쓰이는 '공장장'은 '뉴스공장'의 진행자에게 더없는 별칭이지만 이 또한 김어준을 온전히 대표하지는 않는다. 진중권은 미학자이자 저술가이자 대학교수로 그의 사회적 지위를 드러낸다. 서민도 의대 교수라는 직함을 걸고 사회적 발언을 해왔다. 이들에 견주면 김어준은 도대체 무슨 일을 하는 사람인가라는 의문이 생길 법하다.

의문을 풀기 위해 그의 일대기를 시간순으로 들여다보자. 김어준은 아주 독특한 영역의 사업가로 그의 공적 인생을 시작했다. 그가 1998년에 설립한《딴지일보》는 '황색언론'과 '민족정론'을 동시에 표방하는 인터넷 시사 플랫폼이었다. 시니컬한 풍자와 패러디물, 사회적 금도를 비웃는 합성사진, 기상천외한 발상으로 당대 이슈를 비트는 기사 등 유머러스한 콘텐츠를 내세운《딴지일보》는 젊은 네티즌들로부터 열광적인 지지를 받았다.

뚜렷한 당파성으로 무장한《딴지일보》 필진은 조중동으로 대표되는 보수언론의 정치 보도, 특히 김대중 정부에 대한 비판적 보도를 '명랑하게' 논파해나갔다. 시사 분야 외에도 대중문화, 특히 성性에 관련한 문화적 금기를 깨는 의견들이 개진되었고, 《딴지일보》는 자유주의 성향 네티즌의 대표적 유희 공간이자 담론장으로 성장한다.

'황색언론'을 자처한 매체답게 이곳에 게재되는 기사들은 여느 언론사와 달리 온갖 비속어와 욕설, 은어 등을 여과 없이 사용하며 'B급 문화'를 지향했다. 이는 당시 한국 사회의 문화적 경직에 숨막혀하던 젊은 독자들에게 신선한 매력으로 다가왔다. 따분하게만 받아들여지던 정치·사회 이슈를 '보통의 언어'로 번역해낸 《딴지일보》는 이들이 각자의 세계관을 공유하고 형성해가는 기지로도 기능하게 된다.

《딴지일보》의 쇠락은 아이러니하게도 김대중-노무현으로 이어지는 민주당 진영의 정권 재창출과 맞물린다. 2002년 16대 대선에서 노무현이 당선되고, 2004년 총선에서 여당인 열린우리당이 승리함으로써 리버럴·진보 진영이 행정부와 의회 권력을 장악한 것이다. 예나 지금이나 풍자와 해학은 약자의 무기다. 권력자가 휘두르는 풍자와 해학은 공포-스릴러물과 다름없다. '여당지' 《딴지일보》는 손발이 묶인 채 운동 에너지를 잃어버렸고, 이용자들은 디시인사이드를 비롯해 때마침 출현한 각종 커뮤니티 사이트로 뿔뿔이 흩어지게 된다.

김어준과 《딴지일보》는 한몸이었다. 《딴지일보》의 영광을 되찾기 위해 고군분투하던 김어준은 한 가지 무리수를 저지른다. 2005년

'황우석 줄기세포 논문 조작 사건'에서 당시 '국민 과학자 황우석'이 사기꾼이 아니길 바랐던 대중에게 철저하게 영합한 것이다. 그렇더라도 '황우석을 비판하는 〈PD수첩〉의 보도를 맹신하지 말고, 조금만 더 지켜보자' 선에서 그쳤다면 나쁘지 않은 선택이었을지도 모른다. 그와 《딴지일보》는 아예 '누군가 줄기세포를 바꿔치기했다'는 식의 음모론까지 동원하며 사건의 진상을 흐리는 데 일조했다. 아이러니한 것은 이전까지 김어준과 《딴지일보》는 '황색언론'을 자처하면서도 저 유명한 '달 착륙 음모론'을 매섭게 논파하는 등 비과학적 상상에 근거한 음모론과는 일관되게 선을 그어왔다는 것이다.

'황우석 사건'에서 김어준이 취한 태도가 《딴지일보》의 부흥에 도움이 되었는지는 알 수 없다. 그러나 그와 무관하게 이 장면은 '김어준이 대중영합적 포퓰리스트와 주류 미디어에 대항하는 레지스탕스를 자임-겸임하는 수단으로써 10년 이상 줄기차게 펼치게 되는 각종 음모론의 서막'이라는 점에서 기록해둘 만하다.

2008년 이명박의 집권과 이듬해 노무현의 갑작스런 서거는 김어준에게 재도약의 기회를 마련해주었다. 그를 '남의 불행'을 '나의 행복'으로 삼는 몰염치한 인물로 깎아내릴 의도는 없다. 그러나 리버럴·진보 진영이 권력을 잃고 세파에 시달림으로써 《딴지일보》가 극적으로 되살아난 것은 엄연한 사실이다. 특히 노무현의 죽음은 한국사회에 광범한 부채의식과 향수를 안겼고, 이명박 정부에 반대하는 목소리가 들끓게 만들었다. 김어준은 이 목소리들을 한데 모아 증폭시킬 또 하나의 진지를 마련한다. 〈나는 꼼수다〉의 등장이었다.

'정치 예능'의 원조

〈나는 꼼수다〉(이하 나꼼수, 2011-2012)는 김어준이 정치인 정봉주, 방송 프로듀서 김용민, 저널리스트 주진우 등 3인과 공동 제작한 프로그램이다. 그러나 이 책에서 살필 〈나꼼수〉의 행적은 이 방송의 호스트이자 출연진의 대표 격인 김어준의 성향과 입장을 중심으로 서술된 것임을 밝혀둔다.

〈나꼼수〉는 이제는 일상적 매체가 된 '팟캐스트' 포맷을 대중에게 알린 최초의 프로그램이다. 오늘날 숱한 정치 낭인과 프로보커터가 자웅을 겨루는 정치 유튜브 방송의 선구자, 모체이기도 하다. 아니 그 전에 2011년 이후 모래알처럼 쏟아진 종편 정치·시사 프로그램의 원형이라고 봐도 무방하겠다. 요컨대 '정치 예능'의 원조가 〈나꼼수〉인 셈이다.

'가카(각하) 헌정 방송'이라는 부제가 시사하듯, 〈나꼼수〉의 본래 목적은 이명박 개인 혹은 정권 차원의 범죄와 비리를 폭로하는 데 있었다. '이명박 저격수'로 불리던 정봉주와 탐사취재 전문기자 주진우가 합류한 것도 이 때문이었다. 이렇다 할 홍보도 없이 시작된 이 방송은 호스트와 PD, 각각 게스트로 섭외된 기자와 정치인이 기막힌 시너지를 보임으로써 단 몇 회만에 '예능보다 재미있는 정치 프로'로 입소문을 타게 된다. 정치에 무관심하던 일반 시민들에게 알려진 〈나꼼수〉는 회당 600만-1000만에 달하는 다운로드를 기록하며 세계 팟캐스트 차트 1위까지 석권, 전국적인 '나꼼수 신드롬'을 일으켰다. 한국인이면 그 이름을 모르는 사람이 없을 정도의 인지도를 확보한 〈나꼼수〉는 방송 아이템을 정치·시사 전반으로 확장한다. 그러면서 정치 이슈가 발생할 때마다 이를 알기 위해, 혹은 단순히 재미를 얻기 위해 찾아듣는 명실상부한 '정치 예능' 방송으로 자리잡게 된다.

〈나꼼수〉는 유머와 패러디, 조롱, 냉소, 비속어 남발 등 이른바 '딴지체'를 육성으로 구현했다. 딴지체의 정수였던 세속화된 정치 담론은 활자의 그물을 벗어나면서 능수능란한 입담꾼들의 '정치 뒷담화' 방송으로 거듭났다. 시도 때도 없이 튀어나오는 '씨바' '졸라' 등의 비속어, 지상파 시사 프로그램에서 들을 수 없는 경박한 웃음소리는 정치인-전문가들의 술자리 현장에 함께 있는 듯한 생동감을 청취자에게 선사했다.

이렇듯 어렵고 따분한 정치 현안을 저잣거리의 언어로 재미있게 풀어내는 것도 인기의 한 요인이었지만 〈나꼼수〉의 진짜 성공 비결은 따로 있었다. 정치권의 지리멸렬과 미디어의 왜곡 보도에 지친 시민들을 상대로, 김어준의 표현에 따르자면 '공정한 편파'를 보여준 것이다. 당시에만 해도 생소한 플랫폼인 팟캐스트를 통해 주류 미디어가 감춘 진실을 접한다는 정치 효능감은 그야말로 '고구마 뒤의 사이다'였다. 단순한 청취 행위만으로도 정치적으로 '깨어있는 시민'이 된다는 환상을 심어준 것이다.

〈나꼼수〉에 대한 개괄은 이쯤에서 마치고, 메인 진행자로서 김어준의 언행과 태도를 들여다보자. 흔히 욕설과 비속어를 감탄사처럼 사용하는 것을 김어준식 화법의 특징으로 거론한다. 그러나 그보다 주목해야 할 것은 그가 흥미로운 논의를 위해 영화 시나리오를 방불케 하는 '스토리'를 만들어낸다는 점이다.

2011-2012년 김어준은 그가 대선후보감으로 밀던, 그때까지만 해도 정치 신인이었던 문재인을 띄우기 위해 드라마틱한 서사를 만들어나갔다. 비범한 재능의 소유자로 재야에 은둔하던 주인공 문재인, 그의 친구이자 스승이었던 노무현의 죽음, 악당 이명박, 유권자들의 부름에 떠밀리듯 출마한 뒤 겪는 온갖 역경과 고난…. 신화학자 조지프 캠벨Joseph Campbell이 정리한 '영웅의 여정'의 각 단계와도 절묘하게 맞아떨어지는 스토리는 〈나꼼수〉의 인기와 함께 문재인이라는 이름 석 자가 대중에게 각인되는 데 크게 기여한다.

'공정한 편파' 뒤의 정치 종족주의

《딴지일보》와 마찬가지로 민주당계와 가까운 진영 논리와 편파성을 유지한 채, 이명박을 절대악으로 상정한 서사를 펼친 〈나꼼수〉는 처음부터 이명박 정부와 당시 여당인 한나라당(새누리당) 지지자들을 청취자로 여기지 않는 방송이었다. 당시 정부의 국정에 불만을 가진 정치 부동층, 특히 2008년 미국산 쇠고기 수입 반대 촛불시위에 공감했던 사람들 가운데 상당수를 끌어들이는 성과는 있었을 것이다. 그러나 어디까지나 〈나꼼수〉의 기능은 이미 존재하는 민주당 지지자들을 동원하고 결집하는 데 머물렀고, 반대 진영 설득에는 관심이 없었다. 다시 말해 〈나꼼수〉의 토대는 정치 종족주의tribalism였다.

김어준과 종족주의는 낯선 조합이 아니다. 그가 진보·보수 성향은 학습된 가치관이 아니라 타고난 기질이라고 주장하면서 양자의 뇌 구조 자체가 다를 것이라고 짐작한 바 있음을 상기하자.[12] 그에겐 전향조차도 신념을 수정한 것이라기보다 원래 타고났지만 가리고 있었던 기질을 드러낸 것과 다름없다. 그는 또한 좌우 진영의 상호 소통과 공감의 가능성이 전무하다고 본다. 김어준은 보수주의자의 성향을 동물의 본능에 비유하는데, 특히 "이명박은 압도적인 수준의 동물적 천박함을 발산하고 있"[13]다는 발언에서 그의 정치 종족주의를 노골적으로 엿볼 수 있다.

《닥치고 정치: 김어준의 명랑시민 정치교본》(2011)은 김어준과 인터뷰어 지승호와의 대담을 엮은 책이다. 《딴지일보》 시절부터 화려한 필력을 자랑하던 그가 굳이 다른 사람과의 대담집 형태로 책을 낸 의도는 알 수 없다. 다만 이런 방식은 몇 가지 효과를 가져왔다. 먼저 김어준은 대담자와 비속어 섞인 반말로 친근하게 나눈 '정치 뒷담화'를 그대로 활자화함으로써 독자와의 벽을 완벽히 허물었다. 이는 그의 이야기에 지성보다 감성이 먼저 반응하게 만들고 공감을 유도한다.

그뿐만 아니다. 글로 쓴다면 더 정교한 논리와 근거를 갖춰야 할 몇몇 주장들이 육성 대화록에선 날것으로 등장해도 큰 문제가 되지 않는 어드밴티지를 누린다. 예컨대 좌우 성향은 타고난 기질이라는 발언을 하면서도 별다른 근거를 제시하지 않은 채 맥락과 분위기로 이해하라는 식으로 눙칠 수 있다는 것이다. 김어준은 계속해서 자신이 못 배운 사람이며 이른바 "무학의 통찰"을 보여줄 따름이라고 이야기한다. 이는 겸양인 동시에 주장에 오류가 있어도 언제든 빠져나갈 구멍을 마련하는 장치로 봐야 한다. 결국 《닥치고 정치》는 의도했든 안 했든 '진지한 정치 대담'이 아니라 〈나꼼수〉처럼 '저잣거리 정치 뒷담화'의 콘셉트를 두른 채, 김어준이 어떤 이야기를 하든 열광할 사람만 열광하고 아닌 사람은 논박할 필요도 없이 그냥 가던 길가는 성격의 책이라고 할 수 있다. 기획 단계부터 실제 대담에 이르기까지 피아를 확실히 구분하고, 적에 해당하는 독자는 완벽히 배제하는 식으로 정치 종족주의가 반영된 셈이다.

예언하는 음모론자

방송과 지면을 가리지 않고 김어준이 하나의 기믹gimmick(관심을 끌기 위한 전략)으로 미는 대사가 있다. "-일 것이라 추정된다" "소설을 써본다" "절대 그러실 분이 아니지만" "우연일 것이다" 등이다. 특히 '추정'과 '소설'이라는 말을 즐겨 쓰는데 이것은 자신의 추론을 진지하게 관철시키고자 하는 이에게 어울리는 수사법은 아니다.

김어준과 음모론의 관계는 기묘하다. 그는 자기 주장이 일개 음모론에 불과할 수 있음을 숨기지 않는다. 물론 이 기믹 역시 '믿을 사람만 믿고 아닌 사람은 무시하라'는 무책임한 메시지를 담고 있다. 아주 무겁게 다뤄져야 할 논의를 농담처럼 툭툭 던지면서 거증책임은 피하되, 공론장에 논쟁과 소란을 일으키는 것이다.

농담과 유머를 가장해 법적 부담을 회피한 채 도발적 언사를 던지는 것은 미국의 프로보커터들이 즐겨 이용하는 수법이다. 아모스 이가 리콴유나 무슬림을 소재로 벌인 망동들 역시 '냉소적 유머'로 둔

"내 눈에 다 보여!" 김어준은 농담과 유머, 그리고 '무학의 통찰'로 포장된 음모론자-예언가형 프로보커터다. 동시에 한국 사회에서 가장 영향력 있는 언론인이자 민주당 진영의 최대 스피커로 행세하는 '가장 성공한 프로보커터'이기도 하다.(〈김어준의 다스뵈이다〉 19회, ©딴지방송국)

갑해 인터넷 등지에 널리 공유되었다. 이런 것을 혐오표현이라며 문제 삼는 자에겐 '유머를 다큐로 받는다'며 면박을 주면 그만이다. 고발장이 날아오는 식으로 일이 커지더라도 '표현의 자유'에 호소하면 된다. 문제를 제기한 측은 금세 '자유의 적'이 되고 구독자들은 그를 '자유의 수호자'로 치켜세운다. 4장에서 소개한 개구리 페페처럼 유머러스한 밈이 혐오의 기표로 기능하는 경우가 적잖듯, 그 반대로 혐오의 기표가 처음부터 유머러스한 밈으로 둔갑해 널리 퍼지는 경우도 많다. 이런 상황에서 무엇이 진지한 제언이고 무엇이 반어적 유머인지 구별하기가 쉽지 않다. 김어준이 구사하는 화법 역시 이런 프로보커터들의 화법과 구별되지 않는다.

김어준은 예언하기를 아주 좋아한다. 개중에는 정확히 맞아떨어진 것도 다수 있어서 항간에는 김어준이 여느 정당의 전략가들보다 훨씬 유능하다는 평가가 돌기도 했다. 그리고 이런 평가와 영향력을 바탕으로 김어준과 〈나꼼수〉는 현실 정치에 깊숙이 개입해왔다. 시작은 2011년 서울시장 재보궐선거였다. 이들은 민주·진보진영의 단일 후보 박원순을 밀면서 여당 후보였던 나경원을 집요하게 공격했다. 박원순 캠프는 선거전의 '필요악'인 네거티브 캠페인을 〈나꼼수〉에 '아웃소싱'한 덕분에 손과 입을 더럽히지 않은 채 자신들의 청사진을 이야기할 수 있었다. 물론 선거 승리의 결정적 요인은 당시 안철수의 '양보'와 단일화 경선에 따른 컨벤션 효과에 있었지만, 예상 밖의 낙승에는 김어준과 〈나꼼수〉의 기여가 컸다는 게 중평이었다.

성공한 프로보커터가 선을 넘을 때

기세가 오른 김어준과 〈나꼼수〉는 이듬해 벌어진 19대 총선과 18대

대선에서도 영향력을 과시하지만, 이번에는 참담한 결과를 맞았다. 특히 총선에서는 〈나꼼수〉의 멤버 김용민이 민주당 공천을 받으며 아예 선수로 나섰지만, 그의 과거 막말 사례들이 드러나면서 도리어 곤욕을 치르게 된다. 이는 전국의 부동층이 민주당에 등을 돌리는 빌미를 제공했고, 선거 막판의 흐름까지 좌우하게 된다. 김용민을 공천한 것은 지금까지도 19대 총선의 최대 패착 중 하나로 꼽힌다.

같은 해 18대 대선에서도 민주당의 문재인 캠프는 〈나꼼수〉로 대표되는 진보 팟캐스트의 수사와 논리를 그들의 선거전략으로 차용했다. 캠프 인사들은 종편 방송에는 거의 출연하지 않았다. 그들은 김어준이 그랬듯 반대 진영 또는 비민주당 성향의 유권자에 대한 설득과 호소에는 별다른 노력을 기울이지 않은 채, '우리 편' 진영을 결집시키는 방식으로 유세를 펼쳤다. 이런 식의 정치 종족주의적 선거운동은 흩어져 있던 반한나라당 성향 유권자를 투표장으로 끌어들이는 데는 효과적이었지만 부동층을 설득하는 데는 한계가 분명했다. 결과는 박근혜의 당선이었다.

고공행진하는 〈나꼼수〉 청취율과 그들의 토크콘서트의 대흥행에 감개무량한 민주·진보 진영은 18대 대선을 지나치게 낙관했다. 문재인의 석패에 크게 당황한 김어준은 개표 조작설을 제기하며 관련 다큐멘터리까지 제작했다. 하지만 이렇다 할 근거는 없었다. 가까운 미래를 점치는 예언자 노릇은 사실 크게 문제 삼을 일은 아니다. 맞든

틀리든 결과가 나오는 대로 평가받기 때문이다. 그러나 이미 일어난 사건을 복기하며 그 배후에 실체가 불분명한 어떤 힘의 농간이 있었다고 '추정'하는 것은 문제다. 음모론은 반증이 안 된다.

김어준은 그가 납득 혹은 설명하지 못하는 일에 대해서 이런 식으로 실체 없는 연결 고리를 만들어내곤 한다. 개표 조작설, 세월호 고의 침몰설 등 이미 사실무근으로 밝혀진 음모론을 여기서 다시 논박할 필요는 없겠다. 다만 2018년 지방선거 국면에서 김어준이 남긴 몇몇 발언은 기록해둘 만하다. 당시 민주당 경기도지사 후보 경선에 참여한 이재명 후보의 개인사·집안사가 상당한 이슈로 불거지며 경기도지사로서의 자격과 자질 논란이 벌어진 바 있다. 이에 '문빠'로 불리는 소수 친문 유권자들은 이재명의 당선이 문재인 정부의 걸림돌이 될 것이라는 논리로 낙선운동까지 벌이게 된다.

김어준은 이 사건을 두고 '작전 세력'의 농간이며 나아가 대기업의 음모가 작용하고 있다고 '추정'했다. 그는 그 작전 세력이 '오늘의 유머' 등의 친문 성향 커뮤니티에서 이재명을 공격한다고 주장했지만 역시나 근거는 없었다. 사실 이 사건은 소수 유권자들의 해묵은 감정에서 비롯된, 별다른 반향도 대세에 지장도 없었던 해프닝이었다. 문제는 그런 움직임조차 두고 보지 못하고 음모론의 덫을 씌우며 진영 내 일사불란을 요구하는 김어준의 태도다. 그는 갈수록 양치기 소년이 되고 있다.

김어준이
계속 살아 있는 이유

김어준이 가까운 미래에 그 영향력을 상실할 것 같지는 않다. 이는 김어준이 그 거친 화법과는 별개로 굉장히 세련된 프로보커터이기 때문이다. 가령 서민과 비교할 때, 김어준은 더 크고 실체는 불분명한 '적'을 상상하며 내부의 결집을 유도하고 선지자를 자처한다. 반면 서민은 유권자들과 싸움만 벌인다. 앞서 '문빠'들의 이재명 낙선 운동에 대해서도 서민은 김어준과 다른 해석과 반응을 내놓은 바 있다. 서민은 이 사건을 민주당 안에 골수 친문 정치인만 남겨두려는 숙청 작업으로 간주하며 강하게 공격했다. 하지만 당시 '문빠'들의 논리는 '도지사 후보로 반문 중의 반문인 ○○○ 의원이 후보로 나왔어도 이렇게까지 반대하지는 않았을 것이다'라는 것이었다. 결국 서민의 주장은 힘을 받지 못했다. 그에 비하면 김어준은 거대 권력과 싸우는 모습을 연출하는 데 집중할 뿐 일반인들과 감정싸움을 벌이지는 않는다. 자기 포장에 훨씬 능숙한 것이다.

김어준은 이명박 정부 때부터 '서슬 퍼런 시절'의 대안 언론인 행세를 하며 전성기를 누려왔다. 해마다 발표되는 '한국에서 가장 영향력 있는 언론인' 조사에서 부동의 만년 1위는 손석희《JTBC》사장이다. 그런데 2017년부터 손석희 바로 다음에 자리한 김어준의 이름

김어준은 2020년 정의기억연대의 기부금 횡령 의혹을 폭로한 이용수 할머니에 대해 "(배후 세력의) 냄새가 난다"며 음모론을 설파했다. 정권교체 이후에도 민주당 진영에 불리한 이슈는 덮어놓고 작전세력의 농간으로 보는 행보가 반복되면서 그의 영향력도 예전만 못한 분위기다.(©중앙일보·박용석, 2020년 5월 28일)

역시 수년째 고정이다. 김어준을 가장 성공한 프로보커터로 보는 이유 중 하나다.

그러나 십수년 전《딴지일보》가 그랬듯, 오매불망하던 정권 교체 이후 김어준은 음모론을 만지작거려도 과거만큼의 주목은 받지 못하는 것으로 보인다. 친정부·친문 유권자들도 조금씩 김어준에게 반감을 드러내기 시작했다. 앞선 몇 차례의 선거에서 쓴맛을 본 민주당 역시 천천히 김어준과 거리를 벌리고 있다.

사실 김어준이 2위에 등재된 '한국에서 가장 영향력 있는 언론인' 리스트(2020년)에는 유시민과 진중권의 이름도 순위권에 올라와 있다. 이런 조사 결과는 한국의 언론 지형이 굉장히 기형적이라는 사실을 말해준다. 다시 말해 김어준이 이 정도까지 거대한 인물로 성장한 데는 한국 사회의 기이한 조건들이 자양분으로 작용했다. "음모론은 패자를 위한 것"[14]이지만 이제는 승자도 음모론에 열광한다. "트럼프는 승자가 되었어도 마치 패자인 것처럼 행동"[15]한 것처럼 말이다.

정치학자 데이비드 런시먼David Runciman에 따르면 음모론이 도처에서 횡행하는 것은 "상대편 사람들의 진실성에 의문을 제기하는 일을 과거처럼 교대로 하지 않기 때문이다. 오늘날 이들은 그런 행동을 동시에 펼친다."[16] 그러니까 상대 진영에서 터무니없는 음모론을 남발하고 이를 언론이 인용 보도하면 거기에 일일이 논박하거나 점잔 빼고 있을 여유가 없다. 반대 진영의 도발에 준하는 강도의 즉각적이고 대중영합적 대응이 필요하다. 그렇지 않으면 세간의 주목은 물론 어젠다 선점까지 빼앗기기 때문이다.

민주당과 문재인 정부 입장에서는 바로 김어준이 상대 진영에서 일으키는 도발을 또 다른 도발로 제압하는 역할을 맡은 인물이다. 김어준은 자신이 이 역할에 그 누구보다 탁월하다는 것을 수년에 걸쳐 증명해왔다. 따라서 문재인과 민주당 정부로서는 김어준과 최대한

으로 거리를 두면서도 상대 진영과의 진흙탕 싸움은 그에게 아웃소싱하려고 들 것이다. 진중권-보수언론 관계와 유사하게, 영향력과 하청을 주고받는 상부상조가 유지되는 한 김어준은 여전히 쓸모가 있는 인물인 것이다.

여전히 많은 사람이 정치 이슈가 터질 때마다 김어준의 해석과 논평에 귀를 기울인다. 기본적으로 기성 언론을 불신하기에 우선 그가 개진하는 '우리 편'에 유리한 정파적 해설로나마 불안감을 해소하려 드는 것이다. 한편 보수언론은 그들대로 김어준이 음모론을 꺼내 들 때마다 그의 말을 인용한다. 이는 물론 진중권이나 서민을 인용하는 것과는 반대 의도로 '친문 논객이 이렇게 터무니없는 소리를 한다' '정부 여당 지지자들이 이렇게 비합리적이다'라는 메시지를 퍼뜨리려는 것이다. 그러나 이조차도 김어준에게는 도움만 될 뿐이다.

9

우파 번들 / 태극기 코인과 반페미 코인의 혼종

보수 진영에서는 '우파 코인'
'반페미 코인' 등을 노리는
프로보커터가 속출하고 있다. 담론의
중심은 인터넷으로 옮겨간 지 오래다.
동시에 데이터 시대의 주목경제,
'선 넘기'의 문화, 사유의 외주화에 가속이
붙음에 따라 우파 프로보커터는
계속 급증할 것이다.

한국에는 진중권·서민·김어준 등 굵직한 인물들 외에 '조잡한' 프로보커터들이 여럿 존재한다. 이른바 '우파 유튜버'들로, 대부분 최근 몇 년 새 얼굴을 알리기 시작했다는 공통점이 있다. 이들이 내뱉는 수위 높은 도발, 각종 혐오표현, 폭력 선동, 가짜뉴스는 널리 유포되면서 공론장을 오염시키고 갈등의 볼륨을 키운다. 공동체에 미치는 해악이 적잖음에도 이들을 조잡하다고 평가하는 까닭은 이들의 '어그로 끌기'가 정치적 신념과 무관하게 철저히 '수익 모델'에 따른 행동으로 보이기 때문이다. 실제로 시장경제와 애국주의의 신실한 전도사를 자처하는 이들이 벌이는 망동은 그 이념의 원칙과 가치를 곧잘 무시하며, 더러는 배반한다. 이런 불일치를 포함해 우파 유튜버들의 행태와 그것이 야기하는 사회적 문제들을 살피기 위해선 '수익 모델'의 렌즈가 가장 유용하다. '태극기 코인' '반페미 코인'이란 표현을 우스개로 넘길 수 없는 이유이기도 하다.

안정권,
틈새시장형 프로보커터

프로보커터들의 트롤링에 제재가 없지는 않다. 유튜브에서는 허위 정보, 혐오표현 등을 송출하는 이들에게 소위 '노란 딱지'를 붙인다. 이런 채널은 광고가 제한되고 정상적인 수익 창출이 불가능해진다. 하지만 어디에나 대안은 있다. 가장 널리 쓰이는 것이 슈퍼챗Super Chat이다. 슈퍼챗은 시청자와 크리에이터가 유튜브 채팅창을 통해 별도의 후원금을 주고받을 수 있는 플랫폼이다. 한 통계에 따르면 세계에서 가장 많은 슈퍼챗 수익을 기록한 유튜브 채널은 전 국회의원 겸 방송인 강용석과 두 명의 전직 저널리스트 김세의·김용호가 진행하는 〈가로세로연구소〉였다. 그 뒤를 이어 안정권이라는 유튜버의 〈GZSS TV〉가 슈퍼챗 수익 창출 4위(2020년 6월 기준)에 등극했다.[17]

안정권은 '보수 세력에는 시체팔이 할 시체가 없어서 늘 질 수밖에 없다'는 등의 막말로 극우 유권자에게 각인된 인물이다. 저 발언은 '민식이법', 강남역 살인사건, 세월호 참사에서부터 멀게는 광주 민주화운동과 결부된 민주당 및 진보 진영의 어젠다 선점을 비꼰 망언이다. 안정권은 당파성과 관계없는 혹은 무관해야 하는 사안에서

까지 적의가 등등한 도발로 일관한다. 중도층을 모두 밀어내되 극소수나마 충성도 높은 추종자를 확보하는 전략이다. 그렇게 모은 소수 정예의 추종자를 상대로 벌이는 조회수·후원금 장사가 안정권의 수익 모델이다.

하지만 〈GZSS TV〉에 '노란 딱지'가 붙여진 것을 넘어 채널 삭제 조치가 내려지면서 안정권은 규모가 훨씬 작은 비메오Vimeo 플랫폼으로 거점을 옮기게 된다. 수익이 줄어들면 내부에서 분란이 일어나기 마련이다. 〈GZSS TV〉도 마찬가지였다. 이때 나온 폭로만큼 프로보커터의 본질을 드러내는 장면도 없다. 송영훈(〈개소리타파TV〉)이라는 또 다른 우파 유튜버가 안정권과 배인규(〈왕자〉)라는 유튜버를 겨냥해 "우파가 아니라 돈파"[18]라고 꼬집은 것이다. 안정권이 던지는 온갖 망발은 말 그대로 주목받고자 하는 퍼포먼스일 뿐이라는 주장이었다. 안정권 본인은 부정했지만, 21대 총선 국면에서 그가 '미래통합당이 선거에서 이기면 돈을 벌기 힘들어진다'고 발언했다는 증언도 나왔다. 이런 폭로에 뜨끔한 이가 안정권과 배인규만은 아닐 것이다. 숱한 정치 유튜버, 선동가들도 마찬가지다. 5장에서 분석했듯이, 이들은 정치적 대의와 신념을 소거한 포퓰리스트, 선전선동과 웅변술 등 포퓰리즘의 퍼포먼스를 주목 경쟁의 도구로 사용하는 프로보커터다.

가세연, 종족주의+사이버 렉카의 끝판왕

〈가로세로연구소〉(이하 가세연)가 언급된 이상 강용석을 이야기하지 않을 수 없겠다. 강용석은 변호사 출신 국회의원으로, 정치평론가 겸 예능 방송인으로 명성을 날리다가 일개 프로보커터로 전락한 인물이다. 그는 한나라당 국회의원 신분이던 2010년, 여성 아나운서에 대한 성적 비하 발언으로 당에서 쫓겨나게 된다. 2012년 총선에서도 낙선한 강용석은 방송인으로 전향해 이미지 변신을 도모한다. 오디션 프로그램 〈슈퍼스타K4〉에 출연한 것을 시작으로 시사교양 프로그램 〈강용석의 고소한 19〉의 진행자로, 시사 토크쇼 〈썰전〉의 고정 패널로 활약하며 '예능형 정치인'으로서 입지를 굳히게 된다. 이를 발판으로 승승장구하던 그는, 그러나 불륜 스캔들이 터진 데 이어 사문서 위조 등 범죄 혐의로 수감되며 완벽하게 몰락한다. 이후 정치적 재기는커녕 텔레비전 방송 출연도 불가능해진 강용석이 자리 잡은 곳이 유튜브 채널 〈가세연〉이다.

〈가세연〉은 극우·우파 유튜브 채널의 군계일학이다. 그들은 민주당이 압승한 2020년 21대 총선이 조작된 선거였다는 음모론을 흔들어댄다. 현실을 부정하고픈 극우 성향 유권자들의 심리를 파고든 것이다. 또 박원순 서울시장의 죽음을 대놓고 조롱하는 영상을 올리기도 했다. 이런 걸 누가 볼까 싶겠지만 이 콘텐츠는 단 며칠 만에 수백만 원의 슈퍼챗 수익을 〈가세연〉에 안겼다. '미트업' 에피소드에서 살폈듯 '사회적 승인 없는 사회'는 그 규모가 작을수록 구성원 간의 유대-상호작용이 커진다. 마찬가지로 〈가세연〉의 극단적 도발 행위와 극소수 추종자의 유대가 높은 후원금으로 발현한 것이다. 앞서 김어준과 〈나꼼수〉가 선보인 정치 종족주의의 더 저열한 구현이라고도 볼 수 있겠다.

〈가세연〉은 연예계 소식에도 안테나를 세운다. 스포츠지 출신 김용호의 전문분야이기도 한 연예계 섹션을 통해 '종합채널'으로의 도약을 꾀하는 것일까? 그러나 〈가세연〉이 연예계를 이용하는 방식은 어지간한 '사이버 렉카'는 흉내도 못낼 정도로 대범하고 악랄하다. 2020년 4월, 〈가세연〉은 21대 총선 사전투표 조작 의혹을 제기하던 미래통합당을 응원하는 영상을 올렸다. 문제는 해당 영상의 썸네일이었다. 민경욱·김진태·차명진 등 미래통합당 전직 의원들의 얼굴 사이로 아이돌그룹 '트와이스' 멤버 나연의 사진을 나란히 배치한 것이다. 나연의 얼굴 위에는 "용기를 내세요"라는 자막이 붙어 있었다. 마치 나연이 선거 조작에 관해 한마디 거든 양 연출한 것이다. 물론 이 썸네일을 진지하게 받아들이는 사람이 많지는 않을 것이다. 그럼에도 혹시나 하는 마음은, 혹은 '나연과 선거 조작설을 어떻게 엮었을까'하는 단순한 호기심은 이 영상을 클릭하도록 이끈다. 〈가세연〉

자신과 무관한 투표 조작설 응원 영상에 초상권을 도용당한 트와이스 나연. 변호사 출신 정치인, 지상파 방송과 스포츠지 기자가 모여서 만든 '연구소'의 실상은 '사이버 렉카의 끝판왕'이다. (©가로세로연구소)

은 목적을 달성했다.

한편 〈가세연〉은 2020년 11월 "대기업 회장님의 그녀!!"라는 제목의 생방송을 진행하면서, 영상 설명에 '아이즈원' 해시태그를 함께 달아놓았다. 부연하자면 아이즈원은 방송사 《엠넷Mnet》의 오디션 프로그램 〈프로듀스48〉을 통해 데뷔한 12인조 걸그룹이다. 〈프로듀스48〉은 시청자가 참여하는 투표에 의해 단계별로 멤버가 추려지고, 최종적으로 뽑힌 상위 12명이 하나의 걸그룹으로 데뷔하는 기획이었다. 그런데 일부 순위가 조작되었다는 논란이 불거지며 담당 프로듀서가 재판에 넘겨지고, 《엠넷》은 모회사 대표 명의로 사과문을 발표한 사건이 있었다. 마침 〈가세연〉이 문제의 방송을 진행하던 시기에 이 사건에 대한 판결이 있었고, 진행자들은 그 뉴스를 짧게 소개하고 지나갔을 뿐이었다. 그 찰나의 언급을 빌미로 해당 걸그룹의 이름을 아무런 설명 없이 병렬시켜, 마치 '아이즈원에 대기업 회장의 스폰서를 받는 멤버가 있다'는 식으로 곡해하게끔 만든 것이다. 변호사 겸 정치인, 방송·신문 기자 출신의 유명 인사들이 '연구소'라는 간판을 달고 만든 방송이 '사이버 렉카'의 한계를 날마다 경신하고 있다.

정치 낭인의
마지막 보금자리

강용석의 경우처럼 제도권 정치인이 프로보커터로 전락한 사례는 많다. 현실 정치를 지망하던 이가 이런저런 모색 끝에 프로보커터로 흘러든 경우도 적잖다. 재선 국회의원 출신 차명진의 행적은 '정치 낭인→프로보커터'의 대표적 케이스다. 차명진은 2010년 하루 6300원의 최저생계비로도 '황제와 같은 생활을 할 수 있다'라는 글로 여론의 뭇매를 맞고 3선에 실패했다. 이후 그는 줄곧 원외에 머무르면서도 심심찮게 뉴스에 등장하며 현역 의원 못지않은 존재감을 과시한다. 국회의원을 지낸 자라고 보기 힘든 '막말력' 덕분이었다. 차명진은 소셜미디어에 세월호 참사 유가족을 겨냥해 "징하게 해 처먹는다"라고 비난하는가 하면 "문재인은 빨갱이" "지진아 문재인" 따위의 표현을 공공연히 일삼았다. 그 결정판은 2020년 4월, 21대 총선 토론방송에서 꺼낸 "쓰리섬 사건" 발언이다. 입에 담기도 구역질 나는 이 말의 전후 맥락을 여기서 되살릴 필요는 없겠다. 차명진은 한 술 더 떠 본인의 선거 현수막 위아래로 상대 후보의 현수막이 걸려 있는 사진을 소셜미디어에 올리며 "현수막 쓰리섬"이라는 코멘트로 정치 인생 최후의 도발을 감행한다. 아모스 이가 울고 갈 수준의 트롤링에 선거 결과는 보나마나였다. 차명진의 마지막 도발은 자신의 정치생명을 스스로 끝낸 동시에 막판까지 예측을 불허하던 수도권 경합지역의 판세마저 결정지은 최악의 자폭 행위로 꼽힌다.

정치 낭인 출신 프로보커터는 그밖에도 많다. 광주광역시 국회의원 후보로 출마한 지역평등시민연대 대표 주동식은 광주를 '제사가 본업인 도시'라고 폄훼하며 논란을 빚었다. 서울 관악구에서 국회의원 배지를 노리던 사회디자인연구소장 김대호는 이삼십대 유권자 비하 발언에 노년층 비하 발언까지 얹으면서 미래통합당에서 제명, 출마를 포기해야 했다. 차명진·주동식·김대호의 공통점은 하나같이 진보 진영의 내로라하는 사회운동가로 살다가 보수로 전향했다는 사실이다. 과거지사를 덮기 위해, 당원들의 의구심을 지우기 위해,

한 뼘의 정치적 지분을 위해 과장된 목소리와 제스처를 선보이는 것은 전향자의 인지상정이다. 어쩌면 사활을 건 '주목의 쟁투'가 벌어지는 선거판이 이들의 프로보커터적 본능을 더욱 부추겼을지도 모를 일이다.

사전투표 조작설 등 황당한 음모론을 흔들며 소란을 일으키는 〈가세연〉의 강용석을 비롯해 차명진·민경욱 등 원외 정치인들은 계속해서 이런 언동을 일삼을 것이다. 모두 한때 정치인으로 이름을 날리다가 프로보커터로 전락한 인물들이다. 한국에서 우파 프로보커터를 이야기하면 대개 이런 이름들을 떠올릴 것이다. 그런데 그와 태생이 다른 우익 프로보커터들도 있다. 이들은 직업적 커리어와 무관하게 도발과 '어그로 끌기' 그 자체로 이름을 알려오다가 우파로 편입한 케이스다. 군걱정에 말해두지만 이들은 지금까지 소개한 프로보커터들보다 그 수준이 한참 떨어진다.

윤서인, 여명숙,
그리고 유승준

진중권이 '봐줄 만한' 보수 유튜버로 추천한 윤서인부터 시작하는 게 좋겠다. 윤서인은 잊을 만하면 내놓는 이상한 발언으로 주목을 끌며 10년 넘게 존재감을 이어오고 있다. 본업은 시사만화가라지만 본인의 작품보다 특유의 '어그로성 발언'으로 더 유명하며, 그 유명세의 9할은 악명이다. 30대 이하 젊은 세대에서는 윤서인이라는 이름이 하나의 멸칭, 욕설로 쓰일 정도다.

사실 그는 악명을 떨치기 전부터 작품에 담긴 노골적 친일-사대주의적 메시지로 네티즌의 뭇매를 맞곤 했다. 이후 윤서인은 자신의 정치 성향을 공개적으로 밝히며《미디어펜》과 자유경제원 웹사이트 등 보수매체에 만평을 연재하게 된다. 그의 전매특허인 '정치적 어그로'도 여기서부터 시작되었다.

십수 년에 걸친 윤서인의 정치적 어그로와 트롤링을 일일이 소개할 필요는 없겠다. 한두 개면 충분하다. 때마침 그가 2021년 1월 페이스북에 알맞은 게시물 하나를 올려주었다. '친일파 후손의 집'과 '독립운동가 후손의 집'이라며 건물 사진 두 장을 올린 윤서인은 거기에 "친일파 후손들이 저렇게 열심히 살 동안 독립운동가 후손들은 도대체 뭐한걸까? 사실 알고보면 100년 전에도 소위 친일파들은 열심히 살았던 사람들이고 독립운동가들은 대충 살았던 사람들 아니었을까"라는 글을 덧붙였다. 비난이 빗발치자 그는 '너무 짧게 쓴 탓'이라며 오해를 불러일으킨 것에 사과한다는 글을 게재했다. 그런데 정작 그는 사과문을 작성하기 얼마 전 "어그로를 끌면 좋은 점: 내 말을 듣는 사람들이 늘어남 (…) 어서들 오세요 웰컴"이라는 글로 본인이 일으킨 논란에 기름을 부은 바 있다.

윤서인의 자기 고백은 프로보커터의 핵심을 짚고 있다. 그의 주장과 실제 본인의 세계관은 아무런 관련이 없다. 어떤 주장이든 크게 주목받고 여기저기에 노출되기만 한다면 이에 호응하는 소수를 상대로 조회수 장사와 후원금 동냥이 가능하다. 윤서인 역시 자신이 저지른 명예훼손, 2차 가해 등으로 처분받은 벌금과 배상금을 후원금으로 충당해왔다.

2017년 잇단 구설로 자유경제원 시사만화 연재가 끊긴 윤서인은 유튜브 활동을 시작한다. 오랜 트롤링으로 다져진 경험 탓일까? 그가 유튜브에서 보이는 퍼포먼스는 조금 더 전략적이며 교묘하다. 날것 그대로의 혐오표현과 막말로 일관하는 안정권류와는 다르게, 윤서인은 반어적인 조롱과 비아냥을 곳곳에 장치한다. 진의가 얼마나 사악하든 이런 '숨은 그림 찾기' 식의 도발은 유튜브나 당국의 제재에서 비교적 자유롭다.

그가 성제준과 함께 제작해 올린 광주광역시 여행 영상도 '교묘한 전략'의 산물이다. 언뜻 평화로운 여행기로 보이는 영상에서 윤서인은 연신 "총기聰氣가 넘치는 광주"를 강조하고 "성지순례"를 언급한다. 그냥 들어서는 뭐가 문제인지 모르고 지나치기 쉽다. 총기 운운은 광주민주화운동을 가리켜 "총기銃器를 들고 일어난 폭동"이라고 주장한 전두환의 말을 가져와 비꼰 것이다. '성지순례' 또한 반어적 표현으로 봐야 한다. 윤서인은 2020년 5월 광주민주화운동을 기리는 메시지를 낸 미래통합당을 향해 "그동안 이 당을 지지해온 게 부끄럽다"라는 반응을 보인 바 있기 때문이다. 대체 진중권은 무슨 생각으로 윤서인의 유튜브를 "봐줄 만한 것"으로 추천했을까? 단지 말장난으로 사람들의 속을 후벼 파는 재주가 자신과 견줄 만하다고 생각해서? 모를 일이다.

여명숙도 빼놓을 수 없는 인물이다. 박근혜·최순실 국정농단 청문회에서 증인으로 출석하며 스타로 떠올랐던 여명숙 전 게임물관리위원회 위원장 말이다. 철학·인지과학 전공자이자 게임 전문가인 그는, 청문회에서 보여준 거침 없는 입담을 비롯해 자기관리에 철저한 여성-비혼-리더라는 점이 부각되며 젊은층 특히 여성들로부터 컬트적인 인기를 끌었다.

그런데 어쩐 일인지 여명숙은 이후 '우파 코인'과 '반페미 코인'을 선택한다. 그가 21대 총선에서 미래통합당에 입당해 예비후보로 나섰다는 사실은 잘 알려지지 않았다. 그는 정치 입문 전부터 유튜브 채널 〈개수작TV〉를 개설해 활동해왔다. 게임과 인터넷 하위문화에 해박했던 여명숙은 갖가지 은어와 비속어를 구사하면서 젊은 네티즌들에게 친근한 이미지를 구축한다. 그런 한편 정부·여당 인사들을 공격하고, 주요 여성주의 의제들을 조롱·풍자하면서 반정부·반페미니즘 구독자들을 불러모았다.

총선 이후 '윤미향 사태' 즉 정의기억연대 기부금 유용 논란이 불

여명숙이 '윤미향 사태'를 빌미로 벌인 기부금 이벤트에 거금이 모였다. 프로보커터 여명숙이 '우파 코인'에 기민하게 영합한 케이스다.(©개수작TV)

거지자 여명숙은 "10원까지 모두 할머니들께 드리겠다"며 때아닌 기부금 모금 퍼포먼스를 벌였다. '윤미향 사태'의 진상과는 상관없이, 해당 이슈의 맥락을 사상한 채 대중의 즉각적인 반응을 이끌어 낼 수 있는 이벤트를 콘텐츠화한 것이다. 이 퍼포먼스는 사흘 만에 7000만 원의 모금액을 달성하며 '우파 프로보커터 여명숙' 혹은 '우파 코인' '반페미 코인'의 잠재력을 과시하는 데 성공한다.

2020년 세밑, 우파 진영에 신예 프로보커터가 화려하게 데뷔했다. 바로 가수 유승준(스티브 유)이다. 2019년부터 헬스 관련 영상을 만들어온 그는 2020년 12월 육군 대장 출신 김병주 더불어민주당

의원이 이른바 '유승준 방지법'을 발의하자 발끈하며 40분 분량의 영상을 송출했다. 그는 자신에 대한 '공공의 적' 취급과 입국 금지 조치에 억울함을 토로했다. 대개의 한국인이라면 20년 가까이 이어지고 있는 유승준의 넋두리에 익숙한 편이다. 따라서 그가 격앙된 어조로 "너희들은 평생 약속한 거 다 지키고 사냐"며 항의하는 것까지는 낯익은 장면이었다. 그런데 유승준은 난데없이 자신의 문제와 무관한 조국·추미애의 이름을 꺼내들었다. '이들이야말로 청년들에게 허탈감을 느끼게 하는데 애먼 연예인만 괴롭힌다'는 식이었다. 가수 유승준이 정치 유튜버, 그 가운데서도 우파 유튜버로 전업하는 순간이었다.

그의 행보를 두고 '어차피 전 국민을 적으로 둘 바에 극소수의 친구들이라도 만들려는 것'이라는 평가가 있다. 더없이 정확한 지적이다. 유승준은 이제 문재인 정부 비판에 그치지 않고 공산당과 사회주의를 소환한다. 나아가 박근혜·최순실의 국정 농단을 부정하고 2016년 촛불시위까지 폄훼하고 있다. 의도는 명확하다. 한국인 대다수의 마음을 돌릴 수 없음을 깨달은 유승준은 우파, 그 가운데서도 극소수인 '태극기 부대'라도 '우리 편'으로 삼으려는 것이다.

윤서인까지 나서서 "애국보수 스티브 유 이제 그만 좀 괴롭혀라"라고 하는 마당이니 유승준은 소기의 목적을 달성한 것일지도 모른다. 그러나 그의 모습에서 한 줌의 '내 편'을 얻자고 발작적 도발을 거듭하다 사회에서 완벽하게 퇴장한 아모스 이의 마지막 행보가 겹쳐 보이는 것은 지나친 기시감일까?

우파 코인과 반페미 코인의 혼종

이 장에서 왜 우파 프로보커터만 문제 삼느냐고 할 수도 있겠다. 좌파 혹은 민주 진영에도 프로보커터라 불릴 사람은 분명 있다. 김어준이 대표적이다. 그런데 좌파·민주 진영의 프로보커터 대부분은 김어준은커녕 여기서 줄잡은 조잡한 우파 프로보커터들 만큼의 주목도 받지 못한다. 그들에게는 몇 가지 제약이 있기 때문이다.

먼저 앞서 소개한 프로보커터들처럼 사회적 문제를 의인화-단순화하는 것은 진보 정치의 본질을 부정하는 일이다. 강준만 교수가 지적하듯 대개 보수는 '이익 지향적', 진보는 '가치 지향적'이다. 진보가 지향하는 가치와 그 실현 방안은 매우 다양하다. 따라서 한두 가지 메시지로 진영을 결집하는 것이 어렵다. 이를 위해서는 상호 충돌하는 여러 가치와 요구들을 잠시 묻어두고 '공공의 적'과 맞서는 전선 아래 최대 다수를 결집해내는 정교하면서도 거대한 전략이 필요하다. 박근혜 퇴진 촛불시위는 특정 사건을 계기로 이런 결집이 이뤄진 극히 예외적 케이스다. 물론 현재 국민의힘으로 표상되는 수구 세력에 대한 반감을 등에 업고 그들을 도발하는 동시에, 한두 가지 매력적인 진보적 의제로 지지자를 결집해내는 이가 있다면 그를 좌파 프로보커터라고 부를 수 있을 것이다. 하지만 이런 유의 역할은 김어준이 독점하고 있을 뿐만 아니라, 그만큼 능숙한 퍼포먼스를 펼칠 역량이 부족한 경우가 대부분이다.

반면 보수 진영에서는 '우파 코인' '반페미 코인' 등을 노리는 프로보커터가 속출하고 있다. 담론의 중심은 인터넷으로 옮겨간 지 오래다. 동시에 데이터 시대의 주목경제, '선 넘기'의 문화, 사유의 외주화에 가속이 붙음에 따라 우파 프로보커터는 계속 급증할 것이다. 그럼에도 불구하고 한국에서 우파 유튜버와 극우주의의 문제는 침소봉대하거나 과도하게 우려할 상황은 아니다. 무엇보다 한국 유권자들이 극우와는 선을 긋고 있기 때문이다.

한국 사회는 아직 2016년 촛불혁명의 여파에 놓여 있다. 박근혜·최순실 게이트 이후 보수정당이 분열하며 극우주의의 표상을 잔존 친박과 태극기 부대가 독점하게 되었다. 자유한국당이 끝내 탄핵에 대한 입장을 밝히지 않았던 2018년 지방선거는 직전 19대 대선의 연장전이었다. 박근혜 정부의 마지막 국무총리였던 황교안이 대표 겸 선대위원장으로 나선 2020년 21대 총선 역시 마찬가지였다. 당시 미래통합당은 극우 유튜버 집단의 훈수에 이리저리 휘둘리며 총선 대패를 면치 못했다. 아무리 보수적인 유권자라 할지라도 친박과 태극기 부대로 대표되는 극우주의에 대한 지지는 주저한다는 것을 보여준 셈이다.

우파·극우 프로보커터들은 계속해서 '우파 코인'을 수익 모델로 삼을 것이다. 그들이 정치색과 무관한 의제에서조차 혐오가 깃든 공격을 쏟아낼수록 극우 세력은 보수와 분리-고립될 것이다. 소수 극우 유권자를 상대로 한 주목 경쟁은 도발의 인플레이션과 고립의 엑셀레이션을 더욱 부추길 것이다. 한국의 양대 정당은 제각기 한 차례 이상 프로보커터의 조회수 장사를 선거전략으로 채택했다가 쓴맛을 봤다. 이런 학습효과는 한국의 제도권 정치가 프로보커터와 일정한 거리를 두도록 규제할 것이다.

물론 섣부른 낙관은 금물이다. 미꾸라지 한 마리가 연못을 흐린다. 양대 정당이나 유력 매체가 아니더라도 프로보커터들은 제 고향인 인터넷 한쪽 구석에서 진지와 세력을 키우며 '용꿈'을 꾼다. 이들이 공론장에서 일으키는 공해를 끊임없이 경계해야 하는 까닭이다.

10

원조를 찾아서 / 트럼프 시대를 수놓은 오피니언 셀럽들

이제 트럼프가 실각했으니
미국 정치 지형과 담론이
'정상화'되고, 따라서 프로보커터의
준동도 잦아들 것이라 기대해도
좋을까? 안타깝지만 비관적이다.
대선 결과를 인정하지 않고 트럼프의
낙선에 음모가 도사리고 있다고
믿는 사람은 여전히 많다. 이들은
프로보커터의 든든한 돈줄이다.

한국과 달리, 미국은 프로보커터의 준동에 몸살을 앓고 있다. 그들의 도발 행위는 가히 망국적 수준이다. 지금까지 소개한 한국형 프로보커터들의 무용담은 미국에서 벌어지는 기막힌 촌극들에 비하면 소꿉장난에 지나지 않는다. 조금만 과장해 말하자면 미국은 돈 좀 있는 일개 프로보커터가 대통령 자리까지 올라간 나라가 아닌가? 문화연구자 안젤라 네이글Angela Nagle은 사회의 금도를 무시하는 혐오표현과 시니컬한 조크로 점철된 인터넷 하위문화가 어떻게 미국의 여론을 움직이는지 날카롭게 관찰했다. 그가 지적하듯 도널드 트럼프의 당선은 "제도권 미디어와 양당 기득권에 공공연히 적개심을 드러내며 자신을 실력자로 포장했지만 결국엔 '트잉여'에 불과한 자가 기득권 세력의 도움 없이 백악관에 입성"[19] 한 사건이었다.

미국에서도 기성 언론과 미디어, 정부와 의회 정치에 대한 대중의 불신은 심각하다. 거기다 특유의 반지성주의와 자유지상주의 전통은 프로보커터들이 활갯짓하기 더없이 좋은 환경을 마련해주고 있다.

미국은 어쩌다 저렇게 됐을까? 대답을 위해서는 미국의 문화·정치·경제적 변동의 중장기적 요인들을 총체적으로 살펴야 하겠지만 이것은 이 책의 범위와 저자의 역량 바깥의 일이다. 다만 프로보커터들의 주요 먹잇감이 정치적 올바름PC과 정체성 정치라는 점에 착안, 미국 리버럴 정치가 지난 수년간 PC와 정체성 정치에 매몰되면서 야기된 의제의 빈곤, 그리고 이에 대한 대규모 '백래시Backlash'(반동·역습)까지의 궤적을 들여다보는 것으로 사태의 윤곽을 짐작해볼 수는 있겠다.

정체성 정치와 PC가 탄생시킨 안티 히어로

공화당 하원의원 캔디스 밀러Candice Miller는 2016년 미국 대선 결과를 논하는 인터뷰에서 도널드 트럼프와 힐러리 클린턴을 이렇게 비교한 바 있다. 선거 기간에 트럼프가 멕시코인이 미국인의 일자리를 빼앗고 있다고 말하는 동안 클린턴은 어떤 성별이 어떤 화장실을 이용해야 하느냐 따위의 이야기만 하고 다녔다는 것이다. 이 지적은 힐러리 클린턴 캠프의 패인을 직관적으로 요약한다.

빌 클린턴 시대 이래 민주당은 공화당과 뚜렷하게 구별되는 진보적 의제와 비전을 제시하지 못하고 있다. '변화와 희망'을 내세운 버락 오바마 역시 2008년 금융위기 이후 장기 불황에 이렇다 할 대책을 내놓지 못했고 청년실업, 의료보험, 대학 등록금 문제 등에서도 무능한 모습을 보이며 청년 유권자에게 실망을 안겼다.

"힐러리 클린턴은 오바마의 유산에 거리두기를 하지 못하면서 새로운 비전을 제시할 수 없었고, 다만 트럼프에 맞서 내세울 수 있는 의제로는 '최초의 여성 대통령'이라는 정체성 정치뿐이었다. 또한 정체성 정치에 일관성을 기하고자 트럼프의 반反난민주의·반이민주의에 맞서 난민에 우호적인 공약을 내세우고 흑인·라틴계 등 유색인종만을 선택적으로 호명했다."[20] 즉 정체성 정치는 민주당 세력의 '의제의 빈곤'을 은폐하기 위한 때깔 좋은 포장지로만 활용되었고 지금도 그러하다. 힐러리 클린턴과 기성 정치권 및 언론은 대선 패배의 원인을 줄곧 그의 성별에서 찾았고, 트럼프에게 투표한 이들을 여성혐오자·인종주의자로 몰아갔다. 캠페인의 허술함과 정책·공약의 빈곤을 성찰하기보다 이편이 쉽기 때문이다.

행인지 불행인지 2020년 11월 대선에서는 조 바이든이 신승을 거뒀다. 그러나 바이든 역시 뚜렷한 진보적 비전을 제시한 바 없다. 바이든 행정부와 그를 비호하는 엘리트 기득권 세력은 계속해서 그들의 구미에 맞는 방식으로 정체성 정치 및 PC 의제를 만지작거릴 것이다. 이런 행보는 그들 바깥의 보통 사람들이 민주당발 의제 전반에 거부감만을 갖게 만든다. 나아가 이런 거부감을 소리 높여 표현함으로써 기득권 바깥의 보통 사람, 특히 백인 노동계급에 어필하는 이들이 등장하게 된다.

이러한 사람들은 미국에서 '우익 프로보커터Right wing provocateur' 혹은 '애지테이터Agitator'로 총칭된다. 후자는 '강력히 주장하다'와 '무언가를 뒤흔들다'라는 의미를 동시에 담고 있어 '도발자'를 뜻하는 프로보커터와 함께 묶인다. 의미상 비슷한 단어이지만 이들에게 포퓰리스트, 프로파간디스트Propagandist나 이데올로그Ideologue라는 말은 절대 붙이지 않는다. 이들이 상연하는 추태와 이들이 대외적으로 언급하는 세계관·정치관 사이에 별다른 연관이 없기 때문이다. 이들의 목적은 공론장에 혼란을 일으키는 것과 조회수뿐이다.

이아노풀로스,
인터넷 사상 최악의 악역

구글에 'right wing provocateur'라고 검색하면 상단에 낯선 인명 하나와 그의 위키피디아 페이지가 뜨는 것을 볼 수 있다. 마일로 이아노풀로스Milo Yiannopoulos다. 영국 출신의 1984년생 청년 이아노풀로스는 도발적 언행과 퍼포먼스로 세계적 명성을 얻은 입지전적인 인물이다. 2016년 미국 대선을 전후로 엄청난 전성기를 구가하다가 순식간에 몰락한 그는 아모스 이와 함께 세계에서 가장 유명한 '인터넷 트롤'이었다. 이아노풀로스에게는 'Internet's biggest villain'(인터넷 사상 최악의 악역), 'Dangerous Faggot'(위험한 동성애자)이라는 별명이 붙었고, 그 자신도 이런 호칭을 기꺼워했다.

그는 커밍아웃한 동성애자이지만 반LGBT 전선의 선봉에 섰다. 'faggot'(동성애자에 대한 멸칭 중 하나)이라는 별명에 거부감을 표하지 않았다는 점에서 짐작되듯, 소수자의 인권보다 '혐오할 자유' '표현의 자유'가 우선한다고 주장하는 사람이었다. 그는 트럼프 행정부의 백악관 수석전략가 스티브 배넌Steve Bannon이 경영하던 극우 인터넷 언론《브라이트바트Breitbart News Network》의 편집인을 지냈다. 편집인 신분일 때 그는 '게이머 게이트Gamergate' 논쟁에 적극적으로 참여 혹은 참전하면서 젊은 네티즌 사이에서 이른바 '네임드Named'(유명인사)가 되어 이름을 알리기 시작했다.

게이머 게이트라는 사건에 관해 간략하게 짚고 넘어가는 것이 좋겠다. 게이머 게이트는 2014년에 촉발된 게임 문화 안의 성차별주의를 둘러싼 게이머-평론가 간 논쟁이라고 요약된다. 그런데 실상은 더 참혹하다. 논쟁의 도화선은 한 여성 프로그래머가 우울증을 주제로 한 〈디프레션 퀘스트Depression Quest〉라는 게임을 제작한 데서 비롯되었다. 게임 자체의 미흡한 완성도와 우울증 재현의 윤리적 문제에 대한 약간의 지적이 있었지만 대다수 비평가는 매우 호의적인 입장이었다. 그런데 이를 두고 다분히 정치적 의제(특히 페미니즘)로 얼룩진 편향된 평가라는 혐의가 제기되면서, 게임비평가들(특히 여성 비평가)을 향한 게이머들의 공격이 시작되었다. 제작자의 전 남자친구가 등장해 그녀가 바람을 피운 일이 있었다고 폭로하면서, 사생활 비하까지 섞인 공격은 더욱 가혹해졌다. 이 사건은 자유주의적 의제로 무장한 게임비평가들에 대한 대규모 폭격으로 확장되었고, 끔찍한 강간·살해 위협이 난무했다.[21] 몇몇은 개인 전화번호와 주소까지 유출되어 협박이 현실이 될까 전전긍긍해야 했다. 이 사건에서 특히 많은 사람의 이목을 끈 것이 이아노풀로스였다.

그는 '게이머 게이트'가 일단락된 뒤 한 인터뷰에서 "나는 욕먹어 마땅한 사람을 기분 나쁘게 만드는 것이 좋다"[22]고 밝혔다. 프로보커터의 본질을 스스로 밝힌 셈이다. 그가 말한 '욕먹어 마땅한 사람the right people'을 결정하는 기준은 철저히 그의 반페미니즘·반PC 정서다. 결국 그 말은 (백인)남성-보통 사람에 영합하는 '좌표 설정' 혹은 '신상 털기doxxing'로써 그들을 결집시키고 그들에게 열띤 후원과 지지를 받는 것이 '좋다'는 의미로 해석할 수 있다.

이아노풀로스는 이렇듯 '욕먹어 마땅한 사람'을 찍어 도발함으로써 일약 전국적 스타로 떠올랐다. 결정적 사례는 주연배우 전원이 여성으로 캐스팅된 영화 〈고스트버스터즈〉(2016)를 둘러싼 거대한 논쟁-백래시의 중심에서 출연진을 향한 사이버폭력을 선도한 일이다. 원작 영화 〈고스트버스터즈〉(1984)가 워낙 전설적인 작품인 데다가 마니아도 다수 존재했던 터라 리메이크에 대한 강한 반발은 명약관화했다. 평단과 일반 관객의 평가에도 적잖은 온도차가 있었다. 〈디프레션 퀘스트〉 논쟁과 마찬가지로, 호평에는 정치적 혐의가 씌워졌고 출연진 개개인에게 비난이 쏟아졌다.

이런 시류를 탄 이아노풀로스는 말의 칼을 망나니처럼 휘둘렀다. 흑인 여성 배우 레슬리 존스Leslie Jones를 향한 공격은 특히 비열했다. 그는 트위터에서 레슬리 존스의 계정을 태그하고 "그래도 새 고스트버스터즈 영화에는 잘생긴 흑인 남자가 출연한다"[23]라는 글을 올렸다. 이 글이 광범위하게 공유되면서 레슬리 존스는 고통을 호소하며 자신의 트위터 계정을 해지하기에 이른다. 이아노풀로스의 계정은 트위터 본사에 의해 영구 정지 조치를 받았다. 일찍이 '네임드'로서 그가 확보해둔 청년 추종자들은 이에 강하게 반발했고, 일련의 노정이 대대적으로 매스컴을 타게 되면서 이아노풀로스는 하루아침에 전미의 스타로 거듭났다. 이후 그는 언론사 편집인으로 벼려온 필력과, 연극배우를 연상시키는 특유의 퍼포먼스를 활용해 스스로를 "표현의 자유 근본주의자Freedom of speech fundamentalist"로 이미지 메이킹 하며 저술·강연·방송 활동에 나섰다.

2016-2017년 이아노풀로스는 미국 각지의 대학 캠퍼스를 돌며 대학생들과 토론하는 '토크 콘서트'를 개최한다. 그는 화려한 '말발'로 리버럴 성향 대학생들을 제압하는 그림을 그렸고, 그의 의도는 완벽하게 실현-연출되었다. 당시 소셜미디어와 대학 캠퍼스 등지의 '리버럴 담론 버블'에 갇혀 있던 대학생들은 이아노풀로스에게 좋은 먹잇감이었다. 그들이 언쟁에서 깨지는 모습은 유튜브에 생중계되며 조롱받았다.

마침내 콘서트 마지막 날, 행사 장소였던 UC버클리에서 대학생들은 토론이 아닌 물리력을 선택한다. 학생들의 콘서트 취소 요구에, 이아노풀로스의 팬들이 반발하면서 폭력 사태로 번진 것이다. 특히 이아노풀로스의 여성 팬이 집단 구타당하는 장면이 소셜미디어에 공유되면서 여론은 급격히 기울었다. 난동을 주도한 리버럴 대학생들은 '표현과 사상의 자유'에 대한 테러리스트로 전락했다. 이 사건으로 이아노풀로스는 깜짝 스타에서 '거물'로 성장한다.

이아노풀로스는 이른바 '대안 우파'의 얼굴이 되어 화려한 전성기를 누렸다. 《스카이뉴스》《BBC》《채널4》《CNBC》《ABC》《CNN》《폭스뉴스》 등 대서양을 넘나들며 시사 패널로 등장했고, 정치 풍자로 유명한 코미디언 빌 마허Bill Maher의 쇼에 단독 게스트로 출연하기에 이른다. 하지만 그의 전성기는 오래 가지 못했다. 2017년 2월, 과거 팟캐스트 방송에서 자신의 경험을 들어 던진 발언이 뒤늦게 문제가 된 것이다. 14세 때 한 성인 남성과 성행위를 했는데 나쁘지 않은 경험이었으며, 상호 합의된 것인 만큼 문제 삼을 것이 없다는 이야기였다. 다수 대중이 이를 아동성애 옹호로 받아들이면서 그는 곧장 《브라이트바트》에서 해고되었다. 출간 예정이던 저서의 계약이 해지되고, 강연·토론회가 줄줄이 취소되었다. 빌 마허의 방송에 출연하고 불과 며칠 뒤의 일이었다. 그야말로 삽시간에 몰락한 것이다. 그는 지금도 유튜버로 활동을 이어가고 있지만 과거의 영광을 되찾기는 요원해 보인다.

칼 벤자민,
양날의 막말

이아노풀로스와 마찬가지로 게이머 게이트로 '네임드'가 되고, 리버럴 의제-인사들을 수위 높은 언사로 도발하며 청년 독자층을 확보한 또 다른 인물로 칼 벤자민Carl Benjamin이 있다. 아모스 이의 일대기에서 소개했던 '아카드의 사르곤Sargon of Akkad'이 그의 유튜브 활동명이다. 그 역시 영국인으로, 주요 콘텐츠는 유럽회의론Euroscepticism에 입각한 브렉시트Brexit(영국의 EU 탈퇴) 선전이었다. 그런데 그가 브렉시트를 주장하며 이따금 내뱉는 적나라한 혐오표현과 시니컬한 농담이 엉뚱하게 영국 바깥 영어권 청년들의 이목을 끌게 된다.

대부분 페미니즘이나 정체성 정치에 반감을 가진 이들이었다. 이후 그는 미국 극우주의 담론장의 주요 인사로 호명되게 된다.

그는 아시아인을 '짱깨chink'로, 장애인을 '병신retard'이라고 부른다. 이를 따지는 사람에겐 '농담' 혹은 '사실을 말한 것뿐'이라면서 '소셜 저스티스 워리어Social Justice Warrior, SJW'(한국적 표현으로는 'PC충' '프로불편러')들에게 박해받는 피해자 행세를 한다. 그의 주요 패턴이다. 그는 PC와 정체성 정치 등 리버럴 의제를 '표현의 자유'를 해치는 사상으로 침소봉대한다. 나아가 리버럴 성향 자체를 농담 하나에 죽자고 달려드는, 혹은 아무것도 아닌 단어 하나에 상처받는 '유리 멘탈snowflake'로 깎아내린다. 이는 진보·리버럴 성향은 '촌스러운 것' '쿨하지 못한 것' '남자답지 못한 것'이라는 편견으로 이어진다. 한편으로 그는 혐오표현을 쓰지 않는 자리에서는 시종일관 차분한 말투와 고급 어휘를 구사하면서 '이지적 지식인' 코스프레를 한다. 보수주의는 리버럴과 다르게 '합리적'이고 감성보다 '팩트'를 중시한다는 인상을 주기 위해서다.

영국 노동당 소속 페미니스트 여성 정치인 제스 필립스Jess Phillips가 몇몇 남성 유권자들에게 받은 강간 위협을 호소한 일이 있었다. 페미니스트를 '극혐'하는 칼 벤자민이 가만히 있을 리 없었다. 그는 제스 필립스의 트위터 계정에 "나는 당신을 강간조차 안 할 것이다.I wouldn't even rape you"라는 메시지를 공개적으로 보냈다. '강간할 가치조차 없게 생겼다'라는 외모 비하를 얹은 여성혐오Misogyny의 클리셰 중 클리셰였다. 필립스는 벤자민을 고소했는데 그는 "강간하지 않겠다는데도 문제냐"며 강변하다가도 "그만큼 많은 맥주를 마실 자신이 없다"며 농담을 가장한 도발을 이어갔다. 이 소동으로 벤자민은 유명세를 얻었고 '극우 논객'으로 거듭난다. 이를 기반 삼아 영국독립당UKIP에 입당, 2019년 유럽의회선거에까지 출마했으나 처참한 득표율을 기록하고 낙선한다.

도발적 언사와 막말은 칼 벤자민에게 정계 진출의 교두보였지만 정작 그 이후에는 걸림돌이 되었다. 그에게는 막말의 꼬리표만 붙었고 이에 대한 해명·변명에 선거 운동의 여력을 소진해야 했다. 한편 그와 관련한 토론회에서 《BBC》가 보여준 태도는 '프로보커터를 상대하는 방법'의 교과서라 할 만하다. 만약 언론인이나 상대 패널이 칼 벤자민의 망언을 논리로 진지하게 제압하려 들거나, '당신은 여성혐오자/인종주의자다'라고 비난하며 달려든다면 그런 식의 공격에 익숙한 벤자민의 체급을 높이는 결과를 부를 것이다. 그렇다고 그를 엄연한 예비 정치인으로 대우하지 않고 없는 사람 취급한다면 '기득권 방송사가 애써 숨기려 하는 후보'라는 인상을 남기고 지지자들의 결집을 야기할 것이다.

《BBC》의 대처는 이랬다. 각 정당 후보들이 참여한 토론 방송에서 벤자민이 과거의 망언들을 스스로 반복하게 만들고 얼토당토않은 변명을 늘어놓게 한 뒤 다른 후보들에게 의견을 물었다. 보수당 후보는 “수준 미달의 후보에 대해 이야기하고 싶지 않고 선거에 관해 이야기했으면 좋겠다”라고 답했고, 진행자는 “우리도 그럴 생각이다”라고 받았다. 벤자민을 호명하지 않고도 그를 웃음거리로 만든 것이다.

알렉스 존스,
우스꽝스럽게 사악한

이아노풀로스나 아모스 이는 매번 망언의 수위를 높여가며 스스로를 구석으로 몰다가 자살골로 커리어를 망쳤다. 하지만 모든 프로보커터가 스스로 알아서 몰락해주리라 믿고 무작정 기다리는 것은 곤란하다. 그보다는《BBC》와 칼 벤자민의 사례가 알려주듯, 프로보커터가 대중에게 내세우는 이미지를 일종의 웃음거리로 만드는 것이 그들의 성장을 막는 효과적인 방법일 수 있다. 그런데 이런 방법이 전혀 통하지 않는, 오히려 ‘셀프 희화화’를 주력으로 삼는 프로보커터도 있다. 어쩌면 이 경우가 가장 대처하기 까다로운 타입일지도 모른다.

알렉스 존스Alex Jones는 ‘황당하고 우스꽝스러운’ 프로보커터의 대명사다. 그는 미국의 정치 공론장을 WWE 프로레슬링 경기와 같은 오락의 현장으로 만든다. 존스는 링에 오른 레슬러가 되어 화려한 퍼포먼스를 뽐낸다. 그는 자신이 반대하는 정치인의 유세 현장이나 강연회를 찾아 '깽판'을 놓고, 반대 진영의 유튜브 방송이나 팟캐스트 스튜디오에 난입하는 등 다양한 스턴트를 보여준다. 마치 잘 짜인 대결 구도의 쇼를 보는 즐거움을 선사한다. 알렉스 존스에 대한 지지 여부, 호불호와 관계없이 말이다. 그는《인포워즈Infowars》라는 유사 언론 사이트의 운영자이기도 하다. 이곳과 비교하면 이아노풀로스의《브라이트바트》는 정론지로 보일 것이다. 극우 편향이 문제가 아니라 온갖 말도 안 되는 가짜뉴스의 산실이기 때문이다.

재미있는 사실은 알렉스 존스가 전 부인과의 이혼 소송 중 양육권을 두고 다투는 과정에서 자신은 '광인 캐릭터를 연기했을 뿐'이라며, '행위 예술가'를 자칭했다는 것이다. 앞서 자신들이 저지르는 도발과 어그로의 목적을 '관심'이라고 밝힌 아모스 이나 윤서인과는 조금 다른 결에서, 알렉스 존스 또한 프로보커터의 본질을 고백하는 진술을 남긴 셈이다.

미국 네티즌들 사이에서는 알렉스 존스라는 인물 자체가 인기 밈이다. 전체 이용가 애니메이션에 등장할 법한 덩치 큰 악역의 몸짓과 말투, 연극배우 같은 표정, 상대의 신경을 긁는 제스처까지, 그는 그 누구도 모방할 수 없는 독특한 캐릭터를 구축해냈다. 네티즌들은 알렉스 존스가 방송에서 내뱉는 황당한 발언들, 우스꽝스러운 제스처를 대중가요나 영화 등 다양한 대중문화 텍스트에 합성하는 식으로 그를 '가지고 논다'. 존스는 정부가 인위적으로 기후를 조작해 무기로 이용한다고 주장한다. 사람들을 동성애자로 만드는 '게이 폭탄'이 있으며, '게이 폭탄'의 화학물질이 미국 전역의 개구리를 게이로 만들었다고도 했다. 이렇듯 제정신이라면 꺼낼 수 없는 황당무계한 주장들을 그토록 열정적으로 드라마틱하게 외치는 사람을, 무엇이든지 밈으로 만들어버리는 젊은 네티즌들이 가만히 둘 리 없었다.

백해무익한 인물을 희화화된 밈으로 소비하는 행위는 그를 조롱감으로 만듦으로써 공신력을 떨어뜨리는 효과가 있다. 하지만 그 정도가 지나치면 실제로 공동체에 위협을 가하는 발언조차 별것 아닌 농담으로 흘려버리는 문제가 벌어지기도 한다. 알렉스 존스가 익살맞은 악역 이미지로 쌓은 인기와 애정 역시 때때로 그가 저지르는 갖은 악행을 축소·은폐시키곤 한다. 이렇게 그의 위험한 영향력을 우습게 봤다가 초대형 사건으로 번진 사례가 있다. 바로 '피자 게이트 Pizzagate' 사건이다.

'피자 게이트'는 터무니없는 음모론 하나가 거대한 미국 사회를 뒤흔들 수 있다는 사실을 증명한다. 2016년 미국 대선 국면에서 처음 제기된 이 음모론의 요지는 민주당 고위 인사들이 아동성착취와 인신매매를 즐긴다는 것이었다. 그런데 왜 '피자'일까? 힐러리 클린턴 캠프 선대본부장의 이메일이 해킹-공개되었는데, 한 메일에 '치즈 피자'라는 말이 유난히 많이 등장했다는 것이다. 실제로 치즈 피자Cheese Pizza는 아동 포르노Child Pornography와 머리글자가 같다는 이유로 아동성착취물을 가리키는 은어로 쓰이기도 한다. 사실 이것이 피자 게이트 음모론의 유일한 근거다. 알렉스 존스는 이 가짜 뉴스 대열에 합류해 힐러리 클린턴과 민주당 인사들이 아동성착취를 즐기는 악마 숭배자들이며, 이들이 수도 워싱턴 어딘가에 인신매매 시장을 운영한다는 식으로 음모론에 살을 붙여나갔다.

피자 게이트는 전염병처럼 퍼져나갔다. 이 음모론을 정리한 게시물은 페이스북에서만 50만 건의 공유를 기록했다. 물론 대부분은 웃겨서, 이 같잖은 음모론을 조롱하기 위해 공유했을 것이다. 하지만 그 가운데 10%, 혹은 단 몇 천 명이라도 이 사건을 진지하게 받아들이는 사람은 생겨나기 마련이고, 이들로 인해 피자 게이트는 시트콤이 아닌 사회적 추문으로 번지게 된다.

음모론이 갈수록 부풀면서 워싱턴의 한 피자 가게 지하에 인신매매 근거지가 있다는 소문이 돌았다. 결국 28세 남성이 해당 피자 가게에 들어가 총기를 난사한 사건까지 벌어졌다. 천만다행으로 인명 피해는 없었지만 범인은 평소 알렉스 존스의 방송을 즐겨 본다고 진술했다. 이후에도 주변 피자 가게들은 오랫동안 협박 전화와 위협에 시달려야 했다.

피자 게이트는 미국 최대 음모론 네트워크인 '큐어넌QAnon'이 탄생하는 계기가 되었다. 음모론은 반증이 불가능하다. 전 미국의 모든 피자 가게 지하실을 털어서 확인한다고 해도 민주당이 아동성애자, 악마 숭배자 집단이라고 믿는 사람은 늘 존재한다. 실제로 한 설문조사는 트럼프 지지자의 50%가 피자 게이트를 '신뢰'한다고 밝혔다. 이런 이들이 결집한 것이 큐어넌이다. 이들은 2020년 미국 대선에서 다시금 피자 게이트를 퍼뜨린다. 트럼프의 패배가 확정되고 벌어진 2021년 연방 국회의사당 점거 폭동의 주도 세력 역시 큐어넌으로 지목된다.

리버럴의 망언과 위선

이아노풀로스에서 알렉스 존스까지, 이들은 모두 극우 성향 논객이자 활동가들이다. 이처럼 영미권에서 프로보커터는 대개 극우 진영에 한정되어 쓰이는 용어다. 하지만 혐오 섞인 적대와 막말을 통한 도발은 좌우를 가리지 않는다. 실제로 2020년 미국 대선을 통틀어 최악의 막말은 민주당 지지자에게서 나왔다. 민주당 경선에서 조 바이든과 버니 샌더스의 경쟁이 한창이던 시기, 상원의원 시절 바이든의 비서 타라 리드Tara Read가 그의 성폭력 사실을 폭로하고 나섰다. '좌파 대통령 샌더스'를 트럼프의 재선만큼이나 꺼려워 했던 민주당 주류와 지지자들은 이 폭로의 신빙성을 문제 삼으며 '바이든 지키기'에 나섰다. 그럼에도 바이든에게 불리한 증거가 하나둘 등장하자, 이번엔 트럼프의 낙선이 지고지선인 양 '바이든 차악설'을 떠들기 시작했다. 그러던 가운데 진보적 주간지 《더 네이션》의 칼럼니스트 카사 폴릿Katha Pollitt이 이런 글을 게재한다. "조 바이든이 아기들을 삶아서 먹었다고 하더라도 나는 그에게 투표할 것이다."

민주당과 리버럴 세력은 20년 가까이 정치적 올바름PC을 그들의 제1어젠다로 삼아 왔다. 그런데 정작 그들의 후보인 조 바이든에 대한 성폭력 폭로가 나오자 신줏단지처럼 받들던 PC의 원칙과 가치는 간데없고 극단적인 진영 논리의 진흙탕 싸움으로 돌아선 것이다.

인종주의 관련해서도 민주당발 망언 사례가 있다. 바이든은 조지 플로이드 사망 사건이 터지기 직전 '샬라메인 다 갓Charlamagne tha god'이라는 한 흑인 방송인과의 인터뷰에서 "나와 트럼프 중 누구를 지지해야 할지 고민한다면 당신은 흑인이라 할 수 없다"라고 발언해 논란을 빚었다. 이때도 리버럴 진영은 바이든의 망발을 옹호하기 바빴다. 그중 압권은 《뉴욕 타임스》의 한 저널리스트가 남긴 "인종적 흑인과 정치적 흑인을 구분해야 한다"라는 궤변이다.

《뉴욕 타임스》 기자나 《더 네이션》의 칼럼니스트를 이아노풀로스와 같은 프로보커터로 취급하는 건 무리다. 사악한 말을 쏟아내긴 했지만 이들은 그것을 생계 수단으로 삼지는 않는다. 그저 논평가로서 '개소리'를 했을 뿐이다. 그럼에도 민주당·리버럴 진영의 잇단 위선과 망언은 미래의 복선으로 작용할 가능성이 크다. 2020년 트럼프의 실각은 처참했던 코로나19 바이러스 대응을 비롯한 트럼프 본인의 실책이 부른 결과이지 결코 민주당과 바이든이 잘해서 얻은 트로피가 아니기 때문이다.

오히려 민주당은 제대로 된 의제도 비전도 제시하지 못한 가운데, 잇단 추문과 망언으로 대對 트럼프 선거 전략의 보루였던 도덕적 헤게모니마저 완전히 바닥난 상황에서 선거를 치러야 했다. 따라서 이들에게 남은 유일한 전략은 트럼프를 절대악으로 설정함으로써 유권자에게 '차악 투표'를 강제하는 것이었다. 앞으로도 마찬가지다. 트럼프가 되었든 다른 누가 되었든 상대를 절대악으로 규정하고 진영논리를 강화할 것이다. 그리고 이때 드러나기 마련인 위선은 극우 세력—특히 프로보터커들—에게 좋은 먹잇감이 된다. 리버럴의 행태를 꼬집으며 PC를 비롯한 자유주의 의제를 씹어대는 이들이 대거 등장할 것이다. 지난 대선은 리버럴 진영이 그런 극우 프로보커터의 도발에 맞설 윤리적 기반을 잃어가고 있음을 보여준 '불길한 승리'였다.

반면교사,
혹은 한국의 미래

미국에서는 앞으로도 수없이 많은 프로보커터들이 스타로 떠올랐다가 몰락하기를 반복할 것이다. 주목경쟁이 계속되는 한 이들의 박멸은 요원하다. 가장 우려되는 것은 프로보커터로 '데뷔'하는 연령이 점점 낮아지고 있다는 점이다.

'소프Soph'라는 활동명의 2004년생 소녀가 미국 극우파의 새로운 얼굴로 떠오르고 있다. 이들은 소프를 '보수주의의 그레타 툰베리Greta Thunberg'와 같은 존재로 치켜세운다. 그의 콘텐츠는 겉보기에는 아모스 이와 비슷하다. 무슬림과 리버럴 세력을 향한 혐오와 조롱이다. 만 열 살 무렵부터 게임 방송을 시작한 그는 온라인 게이머들이 주로 사용하는 '디스코드Discord'라는 소셜미디어에 "무슬림들을 가스실에 처넣고 모두 죽이자"라는 글을 올려 논란을 일으켰다. 이후 그의 방송은 극우적 색채를 강하게 띠면서 강도 높은 혐오표현과 욕설로 도배되었다.

소프가 방송에서 던지는 발언들은 비슷한 시기의 아모스 이와 비교하면 굉장히 '정리'되어 있다. 횡설수설이 잦고 아마추어 티가 났던 아모스 이에 견줘 소프는 십대 초중반이라고 믿기지 않을 만큼 화려한 언변을 거침없이 구사한다. 그 때문에 전문 작가가 존재할 것이라는 의구심과 특히 그의 부모가 대본을 비롯한 방송 제작에 관여한다는 혐의가 꾸준히 제기되어 왔다. 결국 이 유튜브 계정은 영구정지 조치를 받았고, 소프는 극우파들의 방송 플랫폼 비트슈트BitChute로 거점을 옮겼다. 이후 그는 알렉스 존스의 《인포워즈》에도 출연하는 등 활동 반경을 넓히며 추종 세력을 키워가고 있다.

이처럼 영미권에서 프로보커터들이 벌이는 추태와 그 영향력은 한국 등 다른 나라와 비교를 불허한다. 4년간 미국 최고의 권력자였던 사람은 공개적으로 알렉스 존스의 팬을 자처한다. 소프와 같은 신예 프로보커터는 끊임없이 데뷔할 것이다. 제2 제3의 마일로 이아노풀로스도 인터넷 어디선가에서 상당한 추종자를 모으고 있을지도 모른다. 전 세계를 덮친 코로나19 바이러스 사태는 이들에겐 '코로나 대목'이자 '코로나 특수'였다. 영국에서는 뜬금없이 5G 통신망이 바이러스를 확산시킨다는 소문이 돌았으며, 실제로 70건 이상의 5G 통신탑 파손 사례가 있었다.

영국의 전 노동당 당수 제러미 코빈의 친형 피어스 코빈Piers Corbyn은 코로나19 바이러스가 사기극이라고 떠들며 좌우를 불문하고 추종자들을 모으고 있다. 미국에서는 마스크 착용이라는 기초 방역 행위조차 정파성을 드러내는 행위로 받아들여진다. 트럼프가 직접 퍼뜨린 검증되지 않은 바이러스 치료법에 혹해 심각한 신체적 손상을 입은 사람들이 속출하기도 했다. 다섯 명의 사망자가 나온 2021년 연방 국회의사당 점거 폭동의 배경에는 프로보커터-음모론 선동가들의 직간접적인 공작이 있었다. 트럼프 지지자들이 행동에 나서도록 뒤에서 '도발'한 것이다.

이제 트럼프가 실각했으니 미국 정치 지형과 담론이 '정상화'되고, 따라서 프로보커터의 준동도 잦아들 것이라 기대해도 좋을까? 안타깝지만 비관적이다. 대선 결과를 인정하지 않고 트럼프의 낙선에 음모가 도사리고 있다고 믿는 사람은 여전히 많다. 이들은 프로보커터의 든든한 돈줄이다. 게다가 바이든과 민주당 세력이 권력을 가져감에 따라 프로보커터들은 주류 미디어에 대한 불신의 알리바이를 더욱 강화하며 대안 언론인 행세를 할 수 있다. 이들이 송출하는 혐오표현, 가짜뉴스, 사이버 폭력에 대한 법적 제재나 계정 정지 조치는 '권력에 맞선 진실의 담지자에 대한 억압'으로 선전되며 위상 강화에 재활용될 것이다. 이래저래 난감한 상황이다.

에필로그

진중권 이후의 진중권 저널리즘

진영 논리와 도덕적 헤게모니

2020년 11월, 진중권은 페이스북에 일본 닛코 동조궁에 새겨진 세 마리 원숭이 조각상 사진을 올린다. 그러면서 제각기 귀와 입과 눈을 가리는 원숭이들을 이낙연 더불어민주당 대표, 이재명 경기도지사, 문재인 대통령에 빗댔다. 눈·귀·입을 가린 원숭이 이미지는 스마트폰 이모지로도 있을 만큼 널리 쓰이며 정치평론에도 수없이 이용되어 왔다. 따라서 문재인과 여권 인사들을 원숭이에 빗댄 것은 아무 문제가 없다. 하지만 그는 이에 그치지 않고 후속 게시물로 실제 원숭이 사진을 올리며 "민주당 3몽키즈"라고 덧붙여 비아냥댄다. 그보다 앞서는 추미애 전 법무부 장관과 나이트클럽을 연결시켜 "법무나이트" "춤이애" "부킹 100%" 운운하며 도발을 계속했다.

진중권이 개인 소셜미디어에 무슨 게시물을 올리든 그건 그의 자유다. 하지만 문장 형태도 갖추지 않은 이런 코멘트를 '비평가 진중권 전 교수'라는 타이틀로 유력 언론들이 인용 보도하는 것은 문제다. 보도할 가치가 전혀 없는 게시물을 인용한 '진 전 교수 가라사대'는 비평을 일개 밈으로 격하하는 것이다.

보수언론은 계속해서 이런 식으로 진중권을 차도借刀삼아 휘두른다. 덕분에 수위 높은 비방을 외주화해 책임은 피하면서 조회수를 확보한다. '진보 지식인의 비판'을 끊임없이 노출시킴으로써 진영의 분열을 야기한다. 여러모로 일석이조이니 언론들로서도 마다할 이유가 없다.

하지만 그런 '진중권 약발'도 슬슬 떨어지고 있다. '진중권 저널리즘'이 1년 이상 반복·남용되면서 생긴 내성이다. 그러다 보니 이제는 조바심마저 느껴진다. 진중권은 '원숭이 도발'을 시도한 바로 다음 날, 그의《중앙일보》칼럼에서 다시 닛코의 세 원숭이를 언급하며 '떡밥'을 회수했다. 그의 페이스북 게시물은 일종의 '티저Teaser'(호기심을 자극하기 위해 상품명이나 맥락을 제대로 알려주지 않는 광고)였던 셈이다. 그리고《조선일보》등은 전날 진중권이 페이스북에 게시물을 올리자마자 인용 보도하며 이 떡밥을 날것 그대로 덥석 물었다. 이들은 진중권이 도발적 게시물을 올린 것만 보고 기사를 작성함으로써 '진중권이 대통령을 원숭이라고 했다'라는 화장실 낙서에 불과한 메시지만 전파한 것이다.

'진중권 저널리즘'의 복제약들

보수언론은 그저 '반문'이라면 무엇이든 마다하지 않는 행태를 보인다. "대한민국은 국민이 영웅입니다." "역사책을 보든 제가 살아오는 동안에 왕이나 대통령이 국민 때문에 목숨을 걸었다는 사람은 한 사람도 본 적이 없습니다." "국민들이 말을 잘 따라서 코로나 대처를 잘해서 세계가 놀라고 있습니다." 보수언론들은 2020년 추석 특집공연에서 나온 가수 나훈아의 이런 발언을 대대적으로 보도하며 정부 비판인 양 견강부회했다. 호소력 있는 반정부 스피커를 찾다 못해 정치권 바깥까지 기웃거리다가 빚어진 촌극이다. 언론들도 '진중권 이후'를 모색하는 것이다. 문재인 정부에 대한 비판 여론이 강해지는데도 지지율에는 별다른 변화가 없는 것은 유권자들이 야권에서 대안을 찾지 못하기 때문이다. 그럴수록 보수언론은 정치권 바깥의 새로운 스피커를 찾기 위해 신경을 곤두세운다.

'진인塵人 조은산'(이하 조은산)이라는 필명의 평범한 시민이 갑자기 '스타 논객'으로 떠올랐다. 그는 2020년 8월 청와대 국민청원 게시판에 "塵人 조은산이 시무 7조를 주청하는 상소문을 올리니 삼가 굽어 살펴주시옵소서"라는 글을 올렸다. 이 글에 청원 동의가 40만을 넘기며 화제를 모은 것이다. 굉장히 길지만 읽는 재미가 있고 메시지는 명료하다. 세금을 줄이고 간신을 멀리하고 실리외교를 하라는 것으로 요약된다. 때마침 문재인 정부 국정운영 지지율이 50% 아래로 하락하기 시작할 무렵이었고, 대중의 정서를 해학적으로 잘 담아낸 글이었기에 많은 사람의 동의와 공감을 이끌어낸 것으로 볼 수 있다. 그런데 이 글이 세간의 화제가 되면서 조은산이 어마어마한 '스타 논객'으로 떠오르게 된 과정에는 갸우뚱한 구석이 있다. 이름이 알려지자마자 그가 이전에 올렸던 청원이 재조명되는가 하면, 서면 인터뷰 형식으로 30대 후반의 직장인이라는 신상이 공개되었다. 매일 경신되는 청원 동의 건수도 실시간으로 중계되었다. '시무7조'에 대한 한 시인의 비판을 반박하는 글을 포함해 '시무7조'에 답한 청와대를 향한 재비판, 유시민·추미애와 재난지원금에 대한 비판까지 조은산이 개인 블로그에 게재한 정치 비평 글이 남김없이 보도되었다.

그리고 뜬금없이 '좌은산 우삼호'라는 말이 등장한다.[24] 좌우 진영을 가리키는 게 아니라 한쪽에는 은산, 다른 한쪽에는 삼호(삼호어묵)라는 두 명의 비슷한 또래-처지의 시민논객이 필명을 날리고 있다는 이야기였다. '삼호어묵' 역시 30대 후반의 평범한 전업주부로, 인터넷 부동산 카페에 올린 신랄한 글들이 유명세를 타며 '네임드'가 된 케이스다. 정부의 부동산 정책을 비판하는 책을 쓰기도 했다. 특정 커뮤니티에서 '네임드'가 되고 나름대로 확보한 구독자에 힘입어 책을 내는 게 그리 특별한 일은 아니다. 하지만 '삼호어묵' 역시 조은산처럼 보수언론에게 유난히 특별 취급을 받는다. 그가 "청와대 대신 욕먹는 김현미 교체 안 할 것"[25]이라고 (완벽히 틀린) 예언을 했다는 사실을 우리가 알아야 할 이유가 있을까? 대통령 아들 문준용 씨가 '코로나 피해 예술 지원금'을 받은 데 대해 해명글을 올린 것을 두고 "착각하고 있는 것은 본인"[26]이라고 일갈했다는 사실을 우리가 알아야 할 이유가 무엇일까?

보는 사람이 민망해지는 조은산과 삼호어묵 띄워주기를 통해 노리는 것은 보수 진영의 '미네르바' 발굴이라고 생각한다. 이명박 정부 초기에 포털사이트 다음 '아고라'에서 활동하며 2008년 미국발 금융위기와 그에 결부된 한국 경제의 추이를 예측해 명성을 떨친 논객 미네르바 말이다. 당시 미네르바가 개진한 한국 경제 위기론은 반이명박 정서를 강하게 자극했고, 야당 지지자들도 일제히 그를 주목했다. 물론 그가 반이명박 성향 유권자들을 결집하는 상징으로 떠오른 결정적인 계기는 허위사실유포 혐의로 검찰에 구속된 사건이다. 미네르바의 긴급체포와 무죄 선고까지의 노정은 '미네르바 사건'으로 불리며 2000년대 한국 현대사의 한 장면을 차지했다.

보수의 대변인 찾기

사실 조은산의 '시무7조'가 그 정도 입소문을 탄 것은 해당 글이 청와대 청원 게시판에서 석연찮은 이유로 비공개 처리되었다는 의혹이 보도되었기 때문이다. 이를 빌미로 보수언론은 '일개 시민의 의견마저 억압하는 청와대'라는 프레임을 확대 재생산했다. 이 비공개 시비가 '시무 7조'와 조은산에 대한 주목도를 높인 것이다. 보수언론이 조은산이나 삼호어묵을 띄운 것은 그들에게 대단한 필력이나 혜안이 있어서가 아니다. 진중권 저널리즘 이후 그들의 새로운 '입'을 찾으려다가 별 소득이 없자 일개 장삼이사에게까지 보수 결집의 기표를 위탁하는 것이다.

물론 조은산과 삼호어묵은 프로보커터가 아니다. 이들이 개진한 논평과 발언은 도발이나 트롤링과는 거리가 멀다. 다만 이들의 사례가 드러내는 것은, 언론은 늘 그들에게 입을 빌려줄 새로운 스피커를 찾고 있으며, 검증이나 반박이 불가능한 어그로성 게시물들을 언제든 인용 보도할 태세를 갖추고 있다는 것이다. 진중권·서민 등의 언제든 인용 저널리즘은 시작일 뿐이며, '좌은산 우삼호'라는 인위적 유행어는 그들을 잇는 신선한 '어그로꾼'을 모색하던 중에 발생한 시행착오에 지나지 않는다.

2020년 6-7월을 떠들썩하게 했던 '인국공 정규직화 사태'는 언론이 네티즌발 가짜뉴스를 검증 없이 보도함으로써 벌어진 일대 소동이었다. 인천국제공항 보안요원들의 정규직 전환 정책이 발표된 후 《뉴스1》은 인천공항 직원들의 익명 채팅방에서 흘러나온 것으로 알려진 카카오톡 메시지를 그대로 인용한 기사를 내보냈다.[27] "알바천국에서 보안으로 들어와 190만 원 벌다가 이번에 인국공 정규직으로 간다" "연봉 5000 소리 질러, 2년 경력 다 인정받네요"라는 내용의 메시지였다. 이 내용들 대부분은 거짓으로 밝혀졌지만《뉴스1》을 비롯한 대부분의 언론사는 사실 확인 없이 같은 내용을 받아쓰기하며 기사 제목을 통한 도발 경쟁을 이어갔다. 당연히 청년층에서 엄청난 반발이 일어났고, 결국 '인국공 사태'로까지 비화되며 여론을 반목과 혼란으로 몰고 갔다. 언론의 본령을 잊은 무분별한 '인용 저널리즘'의 사회적 대가는 이렇게 크다. 이는 또한 '대안 언론'을 표방하는 프로보커터가 비집고 들어올 공간을 만들어낸다.

보수 진영의 새로운 '입'을 찾아내려는 시도는 전방위적이다. 진중권 저널리즘을 시작으로, 내로라할 진보 학자들의 발언들이 정부·여당 공격의 차도로 활용된다. 최장집·홍세화·강준만 등 진보 진영의 명사들을 보수언론이 적극 인용하기 시작한 것은 그들 진영 내 스피커 부재의 대표적 징후다. 따라서 진보 성향의 학자와 연구자·비평가들은 사회문제를 다룬 논문이나 비평에서 또는 소셜미디어에 개인 의견을 피력할 때조차 논리와 수사법에 심사숙고할 필요가 있다. 그들의 말이 언론의 입맛에 따라 편집되고 전유되어 주장의 진의, 논의의 맥락을 상실한 채 보도될 수 있음을 늘 염두에 둬야 한다. 자신도 모르게 보수 진영의 '대변인'이 되어 '쓸모 있는 바보'가 되어

버릴 수 있기 때문이다.

프로보커터와
거리두기

우리 같은 일반 시민의 몫은 프로보커터가 조장하는 공론장의 오염을 경계하는 일이다. 이 문제는 좌우를 가리지 않는다. 이른바 '일베 용어'는 진보진영에서도 얼마든지 목격된다. 2017년 한 정의당 대의원이 개인 소셜미디어에 "대중 타령 좀 그만해라, 이미 뒤진 대중이를 어디서 찾노"라는 글을 올려 논란을 일으켰다. 그나마 이 경우는 엄연한 공당 정치인의 발언이어서 뉴스가 되고 공개 사과로 이어졌을 뿐이다. 진보정당의 평당원과 지지자의 상당수는 소셜미디어에서 일베 용어와 혐오표현을 사용하는 데 스스럼이 없다. 그러면서 '나는 좌파니까 (리버럴 정치인에 대한) 고인 모독의 권리가 있다'거나 '극우 진영의 용어를 전유하는 것일 뿐'이라고 변명한다. '달을 가리키는데 손가락을 보며 열 내는 무식한 사람들'이라며 우월감을 드러내기도 한다. 그러나 이런 핑계는 '농담에 죽자고 달려든다'며 이죽거리는 프로보커터의 자기 변명과 다를바 없다. 자신의 좌파적 신념을 알리바이 삼아 일베 용어를 입에 담는 이들은 극우발 혐오표현이 일상 언어에 스며드는 데 일조할 뿐이다.

미국에서는 이 문제가 더욱 심각하다. 알렉스 존스, 마일로 이아노풀로스 같은 이들의 언행이나 그 인물 자체를 희화화해 밈으로 소비하는 게 하나의 놀이가 되어버렸기 때문이다. 사회에서 용인될 수 없는 발언은 사회에 노출되어서도 안 된다. 그러나 자극적이고 시니컬 한 유머, 사회적 금도를 아슬아슬하게 넘나드는 유희에 중독되다시피 한 젊은 네티즌들에게 온갖 기행, 만행의 스턴트를 상연하는 사람들만큼 좋은 장난감도 없다. 누누이 밝혔듯 프로보커터를 농담거리로 소비하는 것은 그들의 영향력을 감소시키는 효과보다 그들의 메시지를 전파·전염시키는 부작용이 더 크다.

더 큰 문제는 미국의 젊은 네티즌들이 그런 콘텐츠의 1차 생산자로 나서기 시작했다는 것이다. 이들은 인종주의·난민·기후변화·홀로코스트에 관련한 망언을 풍자랍시고 트위터나 틱톡에 전시한다. 이러한 게시물을 보면 일단 깔깔 웃어야 한다. 그것이 제대로 된 풍자인지, 진지한 멍청함의 소산인지, 그저 웃자고 올린 것인지 감별하는 것은 그다음이다. 웃자고 올린 유머에 화부터 내는 것만큼 멋쩍고 무안한 일도 없기 때문이다. 그러다 보니 일단 콘텐츠부터 올린 다음 반응에 따라 해당 게시물의 성격을 사후 규정하는 사람도 생긴다. 동의가 많으면 진지한 것이고, 비난이 많으면 풍자인 것이다. 이런 지경이니 미국의 인터넷 세계는 제대로 된 담론이 사멸한 공간이 되어버렸다.

이렇게 오염된 공론장에서 미국의 리버럴 진영이 극우 프로보커터의 도발에 응전하는 전략은 맞불 놓기밖에 없다. 그러나 표현의 수위만 높을 뿐 정책과 비전을 담아내지 못한 반격은 공허하고 극단적인 진영 논리로 치닫는다. 이를 통해 리버럴 진영은 여태까지 상대와 다르다고 자부했던 가치를 하나하나 배반하며 위선을 드러낸다. 이것은 다시금 극우의 자양분이 된다.

앞서 한국은 이런 미국보다는 형편이 낫다고 평가했다. 실제로 그렇다. 미국은 국립전염병연구소 소장이 코로나19 바이러스를 만들었다는 음모론이 그럴듯하게 떠도는 나라다. 코로나19 바이러스 자체를 부정하고 방역 당국의 권고를 간단히 무시하는 이들도 부지기수다. 반면 한국에서는 코로나19 바이러스 관련 괴담이 더러 돌기는 하지만 대형 가짜뉴스로 번지는 일은 없었다. 21대 총선 당시 국내 확진자 발생이 줄어드는 추세를 두고 정부가 여당에 유리한 그림을 만들기 위해 검사량을 줄이고 있다는 음모론이 제기된 바 있다. 일견 그럴듯했던 이 음모론은 표심에 아무런 영향을 미치지 못했다. 오히려 마지막까지 음모론에 매달린 미래통합당은 중도층 지지를 잃었다는 평가를 받았다. 코로나19 국면에서 한미 방역 당국에 대한 대중의 반응과 평가는 공론장 오염 문제에서 한국의 상황이 미국보다는 양호하다는 것을 보여준다. 요컨대 한국 사회의 반지성주의는 아직 중증은 아니다. 정치 불신과 언론 혐오는 심각할지언정 과학적 논의 일체를 기각해버리는 일은 좀처럼 없다.

그러나 유념해야 한다. 미국처럼 민주·진보 진영이 도덕적 헤게모니를 상실하는 순간 판도는 하루아침에도 뒤바뀔 수 있다. 민주당 지방자치단체장의 잇단 성폭력 사건과 이에 대한 진영 논리적 대처는 진보가 쥐고 있던 도덕적 헤게모니가 깨지고 있다는 징후다. 사건 자체도 심각한 문제이지만 수습 방식에서마저 미국 리버럴의 전례를 따르는 우를 범에서는 안 된다. 제 가치를 배반한 진영 논리는 극우 세력에 먹잇감을 던져주는 결과를 초래할 뿐이다.

마지막으로 공론장의 언어 오염 문제를 강조하고 싶다. 프로보커터가 정치권에 행사하는 영향력과 관계없이 이들의 언어가 보통 사람들의 언어에 스며드는 것을 적극적으로 막아야 한다. '병먹금'은 답이 아니다. 혐오의 언어가 일상 언어와 뒤섞이는 순간 프로보커터는 언제든 득세하여 한국 사회의 담론 전반을 주도하고 어지럽힐 것이다. 시간이 얼마 남지 않았다.

주

1 닉 서르닉, 심성보 옮김,《플랫폼 자본주의》, 킹콩북, 2020, 59쪽.
2 김곡,《관종의 시대》, 그린비, 2020, 6쪽.
3 김예란,〈리액션 비디오의 주목경제: K-Pop의 지구적 생산과 소비를 중심으로〉,《방송문화연구》, 24(2), 2012, 166-167쪽.
4 Ernesto Laclau, *On Populist Reason*, Verso, 2005.
5 샹탈 무페, 이보경 옮김,《정치적인 것의 귀환》, 후마니타스, 2007, 91쪽.
6 베네딕트 데 스피노자, 강영계 옮김,《에티카》, 2010, 180쪽.
7 위의 책, 180쪽.
8 피에르 부르디외, 현택수 옮김,《텔레비전에 대하여》, 동문선, 1998, 47쪽.
9 클레이 셔키, 송연석 옮김,《끌리고 쏠리고 들끓다》, 갤리온, 2008, 215쪽.
10 《미디어펜》, 2015. 7. 15.
11 한윤형,《안티조선 운동사》, 텍스트, 2010, 142-143쪽.
12 김어준·지승호,《닥치고 정치: 김어준의 명랑시민 정치교본》, 푸른숲, 2011, 47-48쪽.
13 위의 책, 54쪽.
14 데이비드 런시먼, 최이현 옮김,《쿠데타, 대재앙, 정보권력: 민주주의를 위협하는 새로운 신호들》, 아날로그, 2020, 86쪽.
15 위의 책, 89쪽.
16 위의 책, 90쪽.
17 정철운,〈유튜브 '슈퍼챗' 전 세계 1위는 '가로세로연구소'〉,《미디어오늘》, 2020. 6. 8.

18 정용인, 〈극우 유튜버 퇴출, 그 후〉, 《경향신문》, 2020. 8. 29.

19 Angela Nagle, *Kill All Normies: The online culture wars form Tumblr and 4chan to the alt-right and Trump*, Zero Books, 2017, 3쪽.

20 김내훈, 〈한국의 '20대 현상'과 포퓰리즘의 관계에 관한 연구: 좌파 포퓰리즘의 가능성을 중심으로〉, 연세대학교 커뮤니케이션대학원 석사학위논문, 2020, 49쪽.

21 Angela Nagle, 같은 책, 20쪽.

22 David Ng, Gamergate advocate Milo Yiannopoulos blames feminists for SXSW debacle, *Los Angeles Times*, 2015. 10. 29.

23 "AT LEAST THE NEW GHOSTBUSTERS HAS A HOT BLACK GUY IN IT"

24 〈사이다 논객 '左은산 右삼호'…39세 동갑의 애아빠, 애엄마〉, 《조선일보》, 2020. 9. 5.

25 〈논객 삼호어묵 "청와대 대신 욕먹는 김현미 교체 안 할 것"〉, 《조선일보》, 2020. 11. 23.

26 〈논객 삼호어묵 "착각하는 건 문준용씨…대통령 아들 떨어뜨렸겠나"[전문]〉, 《동아일보》, 2020. 12. 22.

27 〈"알바 하다 연봉 5000, 소리질러"…공항 정규직전환, 힘빠지는 취준생〉, 《뉴스1》, 2020. 6. 23.